CARLOS EDUARDO FERREIRO CORRÊA

REACT JS

Guia Completo para o Desenvolvedor Front-End

Capa, revisão e diagramação: Bruno Castro

Este guia é dedicado a todos os programadores que buscam aprimorar suas habilidades em programação Front-End com React JS e estão comprometidos em oferecer a melhor experiência de usuário em suas aplicações.

Sumário

Prefácio

Caro leitor,

Aqui estou eu, Paulo Luan, escrevendo o prefácio de um livro sobre React JS para iniciantes, cujo autor é um camarada sensacional com quem já tive o prazer de trabalhar presencialmente.

A gente já fez muito código e maluquice juntos, e posso dizer que o Kadu é brilhante como programador, mas o mais legal é que ele sabe como explicar as coisas de um jeito que até eu entendo – e olha que não sou nenhum gênio da programação como os cabeçudos de Stanford...

Vou te contar uma parada: este livro não é só sobre React, é sobre aprender, crescer e se divertir durante o processo. Kadu é o guia perfeito para essa jornada, porque ele não só é um programador incrível, como também é um piadista nato; ele mistura memes e piadas duvidosas em qualquer contexto!

Então, meu amigo, agarre este livro com força, ajuste seu capacete e se prepare para uma viagem ao mundo do React. Lembre-se de que o Kadu estará sempre lá para te guiar.

Divirta-se e aprenda muito. Mas, acima de tudo, lembre-se das sábias palavras do Serjão Berranteiro:

– Mata, aqui tem coragem!

Paulo Luan
linkedin.com/in/pauloluan

1. Introdução

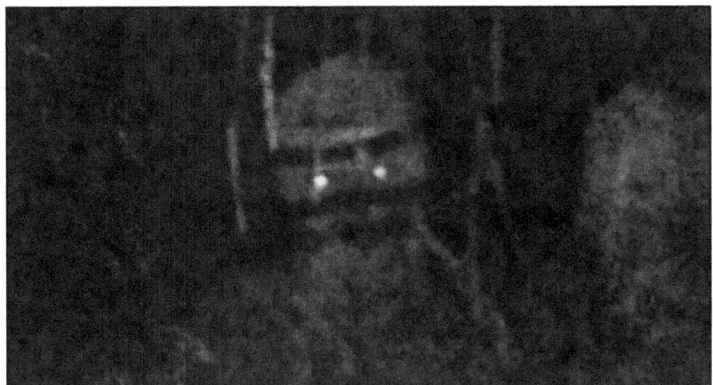

Busquem conhecimento. – ET Bilu

Como disse o famoso extraterrestre, ou o Urandir com um pano e uma lanterna no meio da mata, devemos sempre buscar conhecimento. Abaixo, temos um guia informativo com o resumo de cada capítulo. Então, vamos treinar nossa visão periférica e começar!

A programação Front-End é uma das habilidades mais importantes em tecnologia, e o React JS tornou-se uma das tecnologias mais populares para criar interfaces de usuário modernas e dinâmicas.

Neste guia completo, você aprenderá tudo o que precisa saber para se tornar um desenvolvedor Front-End React JS, desde os fundamentos até técnicas avançadas.

A quem se destina o livro

Este livro se destina a todos programadores que saibam JavaScript ou TypeScript mas que, principalmente, já tenham tido algum contato com alguma outra linguagem Front-End. Com uma experiência mínima nessa área, você já terá o necessário para consumir o conteúdo de forma satisfatória e dominar o React JS.

3

Visão geral de nossa jornada

A ideia do livro é lhe apresentar todo o conteúdo de React JS passo a passo, encerrando com um exemplo prático bem descrito e detalhado. Esse exemplo é um projeto Front-End de uma lojinha de e-commerce, na qual você aplicará todos os conceitos aqui descritos.

Confira, a seguir, uma descrição rápida do que cada capítulo vai apresentar – lembrando que todos eles possuem explicações práticas com trechos de código:

- *Capítulo 1:* Boas-vindas ao leitor e descrição da jornada a ser percorrida.
- *Capítulo 2:* Apresenta os conceitos básicos de React JS, quando e por que usar esse framework e como criar um projeto esqueleto.
- *Capítulo 3:* Fundamentos do React JS. Ciclo de vida, componentes, propriedades, estados e renderização de componentes. Como funcionam os diferentes tipos de renderizações e manipulações de eventos no React JS.
- *Capítulo 4:* Estilização dos componentes, aplicação de classes CSS puras e apresentação dos principais frameworks do React JS para estilização, como Bootstrap, Material UI e Semantic UI.
- *Capítulo 5:* Definição de rotas e navegações entre componentes React JS, utilizando ou não passagem de parâmetros entre páginas. Definição e uso do React Router com exemplos.
- *Capítulo 6:* Introdução sobre Redux. Funcionamento e detalhamento de estado, store, actions, reducers e middlewares, assim como suas aplicações.
- *Capítulo 7:* Mesmo que nossa proposta seja focada no Front-End, é crucial aprender como integrar com APIs no React JS. Apresentação dos principais frameworks utilizados, tratamento dos dados e de erros.

- *Capítulo 8:* Testes em React JS. Apresentação das principais bibliotecas utilizadas e como testar nossos componentes. Abordaremos Jest e Enzyme.

- *Capítulo 9:* Aqui teremos um conteúdo avançando em React: React.Memo e useMemo, portals, refs, HOCS, Hooks, renderização server side, Redux etc.

- *Capítulo 10:* Projeto prático de uma aplicação completa em React JS com testes abordando todo conteúdo demonstrado no livro. O projeto será destrinchado arquivo por arquivo e contará com link para o código pronto no GitHub.

2. Primeiro contato com React JS

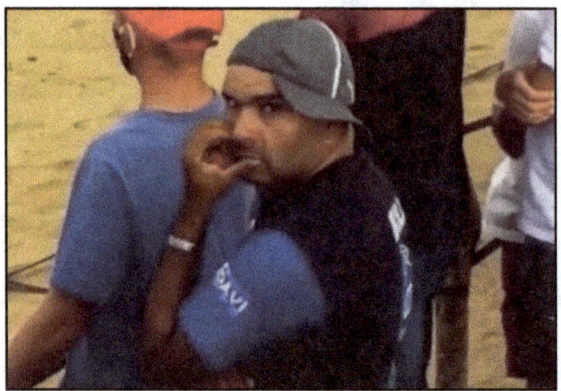

Bora, Bill! – Marcos Gonzalez

Como o Marcos Gonçalvez, vamos chamar você, o Bill e toda a sua família para iniciarmos nossa jornada pelo React JS.

Neste capítulo, você aprenderá sobre o que é o React JS e por que escolhê-lo para desenvolver aplicações Front-End.

O que é React JS?

React JS é uma biblioteca JavaScript de código aberto para criar interfaces de usuário. Ele foi criado pelo Facebook em 2011 e, desde então, tem se tornado uma das tecnologias mais populares em desenvolvimento Front-End. O React JS é baseado em componentes, o que significa que a interface é construída a partir de pequenos elementos independentes que podem ser reutilizados em diferentes partes da aplicação.

Por que escolher React JS?

- *Performance:* o React JS utiliza uma abordagem de renderização virtual que torna a renderização de componentes mais rápida e eficiente.

- *Reutilização de componentes:* como os componentes são independentes e reutilizáveis, você pode economizar tempo e esforço ao desenvolver novas funcionalidades para sua aplicação.
- *Facilidade de manutenção:* o React JS utiliza uma sintaxe clara e legível que torna o código fácil de ser lido e mantido.
- *Comunidade ativa:* o React JS possui uma comunidade grande e ativa que contribui para o desenvolvimento de novos recursos e ferramentas.

Criando um projeto simples em React JS

Para criar um projeto React JS, você precisará ter o `Node.js` instalado em seu computador. Em seguida, siga os seguintes passos:

1. Instale a dependência `npx` com o seguinte comando: `npm i -g npx`.
2. Abra o terminal e navegue até a pasta onde deseja criar o projeto.
3. Execute o comando `npx create-react-app my-app` para criar um novo projeto React JS chamado `my-app`.
4. Após a criação do projeto, navegue para a pasta `my-app` executando o comando `cd my-app`.
5. Por fim, execute o comando `npm start` para iniciar o servidor de desenvolvimento e abrir o projeto no navegador.

Cumpridos esses passos, você deverá ver em seu navegador a seguinte página:

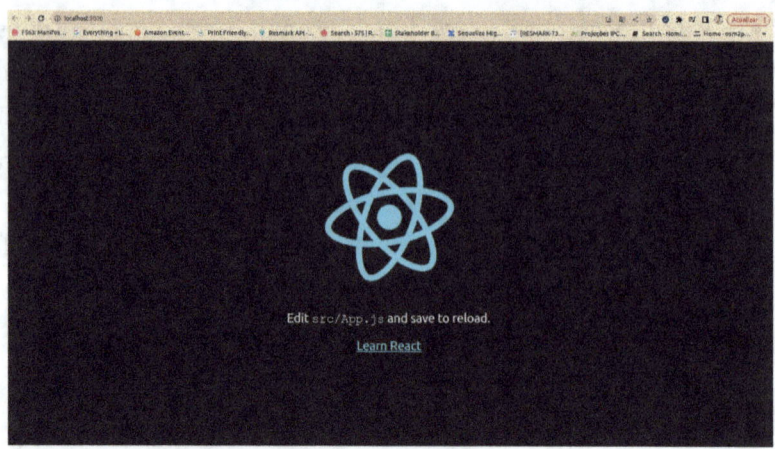

No próximo capítulo, você aprenderá sobre os fundamentos do React JS, incluindo componentes, propriedades e estado.

3. Fundamentos do React JS

Eita, Giovanna, o forninho caiu! – Wanessa

Calma, Giovanna! Sei que, assim como o leitor, você está sedenta para aprender sobre o React JS. Vamos começar te explicando o que você precisa saber para dar seus primeiros passos nessa linguagem maravilhosa, ok?

Neste capítulo, você aprenderá sobre os fundamentos do React JS, incluindo componentes, propriedades e estado.

Componentes

Os componentes são a base do React JS. Eles são elementos independentes que podem ser reutilizados em diferentes partes da aplicação. Os componentes podem ser criados como funções ou como classes, e podem conter HTML, CSS e JavaScript. Abaixo, está um exemplo de um componente React JS simples criado como uma função:

```
function HelloWorld() {
    return <h1>Hello, World!</h1>;
}
```

Ciclo de vida

O ciclo de vida dos componentes React JS é dividido em três fases: *Montagem*, *Atualização* e *Desmontagem*.

- Durante a fase de *Montagem*, o componente é criado e inserido no DOM.
- Durante a fase de *Atualização*, o componente é atualizado de acordo com as mudanças nos seus `props` e/ou `state`.
- Por fim, na fase de *Desmontagem*, o componente é removido do DOM.

Existem métodos específicos para cada fase do ciclo de vida, que podem ser usados para executar ações em momentos específicos do processo. Por exemplo, durante a fase de Montagem, o método `componentDidMount()` é chamado logo após o componente ser inserido no DOM.

Durante a fase de Atualização, o método `componentDidUpdate()` é chamado depois que o componente é atualizado com novos `props` e/ou `state`. Durante a fase de Desmontagem, o método `componentWillUnmount()` é chamado antes de o componente ser removido do DOM.

Acompanhe, na imagem a seguir, o ciclo de vida de um componente React JS.

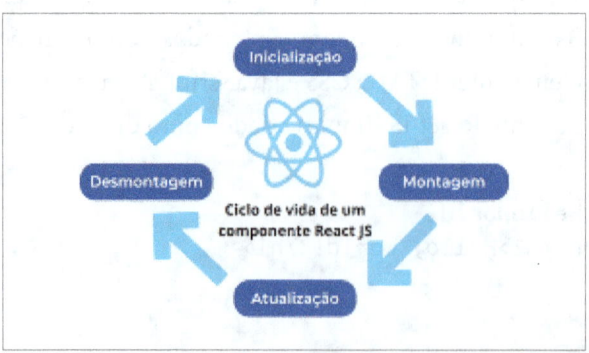

Propriedades

As propriedades são valores que são passados para um componente React JS. Elas podem ser usadas para configurar o comportamento ou aparência de um componente.

Note que as propriedades são passadas como atributos do componente e podem ser acessadas dentro do componente através do objeto props. Abaixo está um exemplo de um componente React JS que usa propriedades:

```
function Greeting(props) {
    return <h1>Hello, {props.name}!</h1>;
}

ReactDOM.render(
    <Greeting name="John" />,
    document.getElementById("root")
);
```

Estado

O estado é um objeto que contém informações sobre o componente e pode ser alterado ao longo do tempo. Quando o estado de um componente é alterado, o React JS atualiza automaticamente a interface para refletir essas mudanças. O estado é definido dentro da classe do componente usando a função setState(). Abaixo está um exemplo de um componente React JS que usa estado:

```
class Counter extends React.Component {
    constructor(props) {
        super(props);
        this.state = { count: 0 };
    }

    incrementCount() {
```

```
        this.setState({ count: this.state.count + 1 });
    }

    render() {
        return (
            <div>
                <p>Count: {this.state.count}</p>
                <button onClick={() =>
this.incrementCount()}>Increment</button>
            </div>
        );
    }
}

ReactDOM.render(
    <Counter />,
    document.getElementById("root")
);
```

Renderização condicional

A renderização condicional é uma técnica em que o conteúdo de um componente é renderizado com base em uma condição. Isso é especialmente útil quando você deseja exibir ou ocultar elementos com base em certas circunstâncias, como o estado do aplicativo ou as propriedades do componente. Aqui estão alguns exemplos de como usar a renderização condicional em React JS:

a) Renderização condicional com operador ternário

O operador ternário é uma maneira simples de renderizar um componente com base em uma condição. Por exemplo, você pode usar o operador ternário para exibir uma mensagem diferente com base em um valor booleano:

```
function MyComponent(props) {
    const isLoggedIn = props.isLoggedIn;
```

```
return (
    <div>
        {isLoggedIn ? (
            <p>Bem-vindo, você está conectado!</p>
        ) : (
            <p>Por favor, faça login.</p>
        )}
    </div>
);
}
```

No exemplo acima, caso a propriedade isLoggedIn seja verdadeira (estiver com valor booleano true), o parágrafo "Bem vindo, você está conectado!" será exibido. Caso contrário, veremos o parágrafo "Por favor, faça login".

b) Renderização condicional com o operador &&

O operador && é outra maneira de renderizar um componente com base em uma condição. Por exemplo, você pode usar o operador && para exibir um botão de logout somente se o usuário estiver conectado:

```
function MyComponent(props) {
    const isLoggedIn = props.isLoggedIn;
    return (
        <div>
            <p>Bem-vindo, você está conectado!</p>
            {isLoggedIn && <button>Logout</button>}
        </div>
    );
}
```

No exemplo acima, utilizamos o operador booleano &&. Desta forma, o botão Logout só será exibido na tela caso a propriedade isLoggedIn for verdadeira.

c) Renderização condicional com componentes separados

Nesse exemplo, o botão `LoginForm` é um componente separado que é renderizado somente se o usuário não estiver conectado:

```
import React from "react";

function LoginForm(props) {
    return <button>Logout</button>;
}

function MyComponent(props) {
    const isLoggedIn = props.isLoggedIn;
    return (
        <div>
            {isLoggedIn ? <p>Bem-vindo, você está
conectado!</p> : <LoginForm />}
        </div>
    );
}
```

Esses são apenas alguns exemplos de como usar a renderização condicional em React JS.

A renderização condicional é uma técnica poderosa que pode ajudá-lo a criar interfaces de usuário dinâmicas e responsivas.

Manipulação de eventos

A manipulação de eventos em React JS é uma maneira de lidar com ações do usuário, como clique, mouseover, teclado, entre outros. Ao manipular eventos em React, você pode executar uma função que atualiza o estado do componente ou executa outras ações necessárias.

Aqui estão alguns exemplos de como manipular eventos em React JS:

a) Manipulação de eventos de clique

O clique é um dos eventos mais comuns em React JS. Para manipulá-lo, você pode passar uma função para a propriedade onClick do elemento que deseja ser clicado. Por exemplo, você pode criar um botão que alterna entre os textos "Ativado" e "Desativado" quando clicado:

```
import React, { useState } from "react";

function MyComponent() {
    const [isEnabled, setIsEnabled] = useState(false);

    const handleClick = () => {
        setIsEnabled(!isEnabled);
    };

    return (
        <div>
            <button onClick={handleClick}>
                {isEnabled ? "Ativado" : "Desativado"}
            </button>
        </div>
    );
}
```

Toda vez que o botão sofrer um clique, o estado isEnabled vai variar de true para false ou de false para true. Com isso, o texto do botão vai variar de Ativado para Desativado.

b) Manipulação de eventos de formulário

Para manipular eventos de formulário, como envio ou alteração de entrada, você pode usar as propriedades onSubmit e onChange, respectivamente. Por exemplo, você pode criar um formulário simples que adiciona um item à lista quando enviado:

```
import React, { useState } from "react";

function MyComponent() {
    const [list, setList] = useState([]);
    const [inputValue, setInputValue] = useState("");

    const handleSubmit = (event) => {
        event.preventDefault();
        setList([...list, inputValue]);
        setInputValue("");
    };

    const handleChange = (event) => {
        setInputValue(event.target.value);
    };

    return (
        <div>
            <form onSubmit={handleSubmit}>
                <input type="text" value={inputValue}
onChange={handleChange} />
                <button type="submit">Adicionar</button>
            </form>
            <ul>
                {list.map((item, index) => (
                    <li key={index}>{item}</li>
                ))}
            </ul>
        </div>
    );
}
```

Nesse exemplo, a função handleSubmit é executada quando o formulário é enviado. Essa ação adiciona o valor do input à lista. A função handleChange é executada sempre que o valor do input é alterado.

c) Manipulação de eventos de teclado

Para manipular eventos de teclado, você pode usar a propriedade onKeyDown ou onKeyUp. Por exemplo, você pode criar um componente de pesquisa que envia a consulta de pesquisa para um servidor quando o usuário pressiona a tecla Enter:

```jsx
import React, { useState } from "react";

function SearchBox() {
    const [query, setQuery] = useState("");
    const handleKeyDown = (event) => {
        if (event.key === "Enter") {
            sendQueryToServer(query);
        }
    };

    const handleChange = (event) => {
        setQuery(event.target.value);
    };

    return (
        <div>
            <input
                type="text"
                value={query}
                onChange={handleChange}
                onKeyDown={handleKeyDown}
            />
            <button onClick={() =>
sendQueryToServer(query)}>Pesquisar</button>
        </div>
    );
}
```

No exemplo acima, a função handleKeyDown é executada quando o usuário pressiona uma tecla (sim, qualquer uma). Se a tecla pressionada for a tecla Enter, `(if event.key === 'Enter')`, a função `sendQueryToServer` (não implementada neste exemplo) é executada.

4. Estilização dos componentes

Para a noooossa alegriaaaaa! – Jefferson e Suellen

Assim como o Jefferson e a Suellen deram um toque todo especial à música com sua peculiar entonação, nós também podemos tornar nosso código mais atraente acrescentando a ele alguns estilos.

Neste capítulo, aprenderemos a estilizar todos os nossos componentes e conheceremos algumas bibliotecas que nos ajudarão a atingir esse fim.

A estilização de componentes em React JS é dividida em alguns subtópicos, conforme veremos a seguir.

Estilos inline

Os estilos `inline` são definidos diretamente no elemento HTML, usando o atributo `style`. Em React, você pode definir estilos `inline` usando o objeto JavaScript.

Por exemplo, suponha que você queira definir um estilo de fundo vermelho em um elemento `div`. Você pode fazer isso usando o seguinte código:

```
import React, { useState } from "react";

function MeuComponente() {
```

```
const estiloDiv = { backgroundColor: "red" };

return (
    <div style={estiloDiv}>
        <h1>Estilo Inline</h1>
        <p>Este é um exemplo de estilo inline em
React</p>
    </div>
);
}
```

Dessa forma, ao renderizar a página, veremos que ela está sendo exibida com o fundo em vermelho, conforme definido pela variável estiloDiv.

Estilos CSS em arquivos separados

Você também pode definir estilos em arquivos CSS separados e, em seguida, importá-los em seus componentes React. Isso permite que você mantenha seus estilos separados do seu código JavaScript. Essa forma é a mais utilizada e recomendada pelos programadores por apresentar fácil manutenção e legibilidade.

Por exemplo, suponha que você tenha um arquivo estilo.css com o seguinte conteúdo:

```
.fundo-vermelho {
    background-color: red;
}
```

Agora, você pode importar esse arquivo em seu componente React e usá-lo assim:

```
import React from "react";
import "./estilo.css";

function MeuComponente() {
```

```
    return (
        <div className="fundo-vermelho">
            <h1>Estilo em Arquivo Separado</h1>
            <p>Este é um exemplo de estilo CSS em arquivo
separado em React</p>
        </div>
    );
}
```

```
export default MeuComponente;
```

Este código terá o mesmo efeito do apresentado no exemplo anterior, mas com a diferença de que a classe foi definida em um arquivo separado.

Observação: o arquivo deve estar na mesma pasta do MeuComponente para este exemplo funcionar. Repare como ele está sendo importado:

```
import "./estilo.css";
```

Estilos em módulos CSS

Os módulos CSS permitem que você defina estilos em arquivos CSS separados, mas com um escopo de estilo limitado ao componente React em que estão sendo usados. Isso evita conflitos de estilo entre componentes.

Para usar módulos CSS, você precisa renomear o arquivo CSS para usar a extensão .module.css e importá-lo em seu componente React usando a sintaxe:

```
import styles from './seuarquivo.module.css';
```

Por exemplo, suponha que você tenha um arquivo estilo.module.css com o seguinte conteúdo:

```
.fundo-vermelho {
    background-color: red;
}
```

Agora, você pode importar esse arquivo em seu componente React e usá-lo da seguinte forma:

```
import React from "react";
import styles from "./estilo.module.css";

function MeuComponente() {
    return (
        <div className={styles["fundo-vermelho"]}>
            <h1>Estilo em Arquivo Separado</h1>
            <p>Este é um exemplo de estilo em módulo CSS
em React</p>
        </div>
    );
}

export default MeuComponente;
```

Essa técnica permite que você tenha em seu módulo CSS um ou mais estilos definidos prontos para serem usados pelos componentes que importarem seu arquivo `.css`.

Bibliotecas de estilo

As bibliotecas de estilo são uma ferramenta muito útil para o desenvolvimento Front-End, permitindo aos desenvolvedores economizar tempo e esforço na criação de estilos personalizados para seus componentes.

Vamos discutir algumas das bibliotecas de estilo mais populares disponíveis para uso em projetos React. Neste guia, mencionaremos as três principais (mais usadas) em React JS.

Bootstrap

O Bootstrap é uma das bibliotecas de estilo mais populares para criar interfaces responsivas e estilosas para sites e aplicativos da web. Ele inclui uma variedade de estilos, componentes e recursos pré-projetados que podem ser facilmente usados para criar páginas da web atraentes e responsivas.

Para usar o Bootstrap no React, você pode instalar o pacote do Bootstrap no seu projeto e importar seus estilos e componentes. Existem algumas maneiras de fazer isso, mas aqui está um exemplo simples:

1. Instale o pacote do Bootstrap no seu projeto usando o gerenciador de pacotes npm ou yarn:

```
npm install react-bootstrap bootstrap
```

2. Importe os estilos do Bootstrap no seu arquivo de índice (`index.js` ou `index.tsx`) para que os estilos sejam aplicados em todo o seu aplicativo:

```
import 'bootstrap/dist/css/bootstrap.min.css';
```

Agora você pode usar os componentes do Bootstrap em seus componentes React. Aqui está um exemplo simples de como usar um botão do Bootstrap em um componente React:

```
import React from "react";
import Button from "react-bootstrap/Button";

const MyButton = () => {
    return (
        <Button variant="primary" size="lg" onClick={() =>
alert("Clicado!")}>
            Clique aqui
        </Button>
    );
};

export default MyButton;
```

No exemplo acima, estamos explicitamente usando `Button` da biblioteca Bootstrap. Repare no `import` da segunda linha.

Estamos importando o componente de botão do Bootstrap e o usando dentro do componente React `MyButton`. Também estamos definindo algumas propriedades personalizadas, como `variant` e `size`, para personalizar a aparência do botão.

Além disso, você também pode usar outros componentes pré-projetados do Bootstrap, como formulários, barra de navegação, cards, tabelas e muito mais.

Para mais detalhes e utilização dos demais componentes, acesse: https://react-bootstrap.github.io/

Material UI

O Material UI é outra biblioteca popular de estilos para React que segue as diretrizes de design do Google Material Design. Ele oferece uma ampla variedade de componentes de interface do usuário pré-projetados e personalizáveis que você pode usar em seu aplicativo React. Aqui está um exemplo simples de como usar o Material UI no React:

1. Instale o pacote do Material UI no seu projeto usando o gerenciador de pacotes npm ou yarn:

```
npm install @material-ui/core
```

2. Importe os estilos e componentes do Material UI no seu arquivo de índice (`index.js` ou `index.tsx`):

```
import React from "react";
import ReactDOM from "react-dom";
import { Button, TextField } from "@material-ui/core";
import "./index.css";
import App from "./App";

ReactDOM.render(
```

```
<React.StrictMode>
    <App />
</React.StrictMode>,
document.getElementById("root")
);
```

Agora você pode usar os componentes do Material UI em seus componentes React. Aqui está um exemplo simples de como usar um botão do Material UI em um componente React:

```
import React from "react";
import { Button } from "@material-ui/core";

const MyButton = () => {
    return (
        <Button
            variant="contained"
            color="primary"
            onClick={() => alert("Clicado!")}
        >
            Clique aqui
        </Button>
    );
};

export default MyButton;
```

Neste exemplo, estamos importando o componente de botão do Material UI e o usando dentro do componente React MyButton.

Pode-se usar também os demais componentes existentes no Material UI, como formulários, barra de navegação, cards, tabelas e outros.

Para mais detalhes e utilização dos demais componentes, acesse: https://v4.mui.com/pt/

Semantic UI

O Semantic UI é outra biblioteca popular de estilos para React que usa uma linguagem de design semântico para criar componentes de interface do usuário altamente personalizáveis e intuitivos. Aqui está um exemplo simples de como usar o Semantic UI no React:

1. Instale o pacote do Semantic UI no seu projeto usando o gerenciador de pacotes npm ou yarn:

```
npm install semantic-ui-react
```

2. Importe os estilos e componentes do Semantic UI no seu arquivo de índice (index.js ou index.tsx):

```
import React from "react";
import ReactDOM from "react-dom";
import "./semantic-ui-css/semantic.min.css";
import App from "./App";

ReactDOM.render(
    <React.StrictMode>
        <App />
    </React.StrictMode>,
    document.getElementById("root")
);
```

Podemos usar os componentes do Semantic UI em seus componentes React. Aqui está um exemplo simples de como usar um botão do Semantic UI em um componente React:

```
import React from "react";
import { Button } from "semantic-ui-react";

const MyButton = () => {
    return (
        <Button
```

```
        variant="contained"
        color="primary"
        onClick={() => alert("Clicado!")}
    >
        Clique aqui
    </Button>
    );
};

export default MyButton;
```

Como nos exemplos anteriores, estamos importando o componente de botão do Semantic UI e o usando dentro do componente React MyButton.

Para mais detalhes e utilização dos demais componentes, acesse: https://react.semantic-ui.com/

5. Rotas e navegação

Menos a Luíza, que está no Canadá – Geraldo Rabello

Assim como a Luíza, que está no Canadá, este capítulo nos levará ao mundo das viagens – mas não literalmente. Vamos mostrar como definir rotas e como fazer para navegar entre componentes dentro de um projeto React JS.

Rotas e navegação são conceitos fundamentais em qualquer aplicativo web moderno, e isso não é diferente para o React JS. Em termos simples, rotas referem-se a como o aplicativo web direciona o usuário para diferentes partes do aplicativo, dependendo da URL que ele acessa. A navegação, por outro lado, refere-se a como o usuário se move pelo aplicativo usando as rotas.

No React JS, as rotas são gerenciadas por meio do React Router, uma biblioteca que permite que você defina as rotas para diferentes componentes e renderize esses componentes com base na URL. O React Router permite que você defina rotas com base em padrões de URL, o que significa que você pode ter rotas dinâmicas que se ajustam à entrada do usuário.

A navegação em um aplicativo React JS pode ser gerenciada por meio do componente `Link` do React Router. Esse componente torna possível criar links clicáveis para diferentes rotas em seu aplicativo, permitindo que os usuários naveguem para diferentes partes do aplicativo com facilidade. Além disso, o React Router também fornece outros componentes de navegação, como o `BrowserRouter` e o `NavLink`, que facilitam a criação de menus de navegação e outros elementos de interface do usuário relacionados à navegação.

Em resumo, as rotas e navegação no React JS são elementos cruciais para qualquer aplicativo web que requer a capacidade de exibir diferentes componentes com base na URL do usuário e permitir que os usuários naveguem facilmente pelo aplicativo. O React Router é a biblioteca padrão para gerenciar rotas e navegação em aplicativos React JS e fornece uma ampla variedade de recursos para tornar a criação de rotas e navegação simples e fácil.

React Router

O React Router é uma biblioteca popular para navegação e roteamento no React JS. Com ele podemos criar rotas para diferentes páginas em um aplicativo React, permitindo que o usuário navegue entre as páginas sem ter que recarregar a página inteira.

Para utilizar o React Router, primeiro é necessário instalá-lo utilizando o `npm`:

```
npm install react-router-dom
```

Após a instalação, é possível importar os componentes do React Router e utilizá-los para definir as rotas do aplicativo. Por exemplo, podemos criar um aplicativo com duas rotas: uma página inicial e uma página de contato. Nesse caso, o componente `App.js` ficaria assim:

```
import React from "react";
import { BrowserRouter as Router, Route, Link } from
"react-router-dom";
import Home from "./Home";
import Contact from "./Contact";
```

```
function App() {
    return (
        <Router>
            <div>
                <nav>
                    <ul>
                        <li>
                            <Link to="/">Home</Link>
                        </li>
                        <li>
                            <Link
to="/contact">Contact</Link>
                        </li>
                    </ul>
                </nav>

                <Route path="/" element={<Home />} />
                <Route path="/contact" element={<Contact
/>} />
            </div>
        </Router>
    );
}

export default App;
```

Nesse exemplo, importamos os componentes BrowserRouter, Route e Link do React Router e os utilizamos para criar as rotas do nosso aplicativo. O componente BrowserRouter define a "raiz" do nosso aplicativo e o Route define a rota que queremos utilizar. O Link é utilizado para criar links de navegação entre as rotas.

Olhando para o código acima, percebemos que quando o usuário acessar a rota "/", rota default, ele será redirecionado até uma página que renderizará o conteúdo do componente Home. Da mesma forma, ao acessar a rota "/contact", o usuário será redirecionado até a página que renderizará o conteúdo do componente Contact.

Ambos os componentes, Home e Contact, estão descritos a seguir. Por exemplo, o componente Home.js ficaria assim:

```
import React from "react";

function Home() {
    return (
        <div>
            <h2>Home</h2>
            <p>Bem-vindo à página inicial do meu
aplicativo!</p>
        </div>
    );
}

export default Home;
```

E o componente Contact.js ficaria assim:

```
import React from "react";

function Contact() {
    return (
        <div>
            <h2>Contact</h2>
            <p>Entre em contato conosco pelo e-mail
contato@meuapp.com</p>
        </div>
    );
}

export default Contact;
```

Ao executar o aplicativo, poderíamos navegar entre as rotas utilizando os links definidos no componente App.js.

Navegação entre páginas

A navegação entre páginas dentro do React JS é feita através do uso de rotas (routes) e um router, que gerencia essa navegação e renderização dos componentes correspondentes a cada rota. Quando uma rota é acionada, o router identifica qual componente deve ser renderizado, e a página é atualizada para exibir o novo conteúdo.

Um exemplo de navegação entre páginas, usando os mesmos componentes do exemplo anterior, pode ser visto abaixo:

```jsx
import React from "react";
import { BrowserRouter as Router, Switch, Route, Link }
from "react-router-dom";
import Home from "./components/Home";
import About from "./components/About";
import Contact from "./components/Contact";

function App() {
    return (
        <Router>
            <div>
                <nav>
                    <ul>
                        <li>
                            <Link to="/">Home</Link>
                        </li>
                        <li>
                            <Link
to="/contact">Contact</Link>
                        </li>
                    </ul>
                </nav>
                <Switch>
                    <Route path="/contact"
element={<Contact />} />
                    <Route path="/" element={<Home />} />
                </Switch>
            </div>
```

```
        </Router>
    );
}

export default App;
```

Neste exemplo, a função App define as rotas utilizando o componente BrowserRouter e os componentes Route, que mapeiam cada rota para o componente correspondente. O componente Link é utilizado para criar links que levam às rotas especificadas. O componente Switch é utilizado para renderizar apenas um componente por vez, correspondente à rota atual.

6. Gerenciando estados com Redux

Fiz uma baguncinha dentro da Califórnia – Maicon Alexandre da Silva Santos

Para não fazer uma "baguncinha" no nosso código como aquela que o Mike aprontou, devemos utilizar o gerenciamento de estado com o Redux. Com isso, poderemos simplificar e manter centralizados os estados em nossos componentes.

O gerenciamento de estados com Redux no React JS é uma forma de centralizar e compartilhar dados entre diferentes componentes de uma aplicação.

O Redux mantém o estado global da aplicação em um único objeto chamado de `store`, que pode ser acessado e modificado através de ações disparadas pelos componentes.

Basicamente, o fluxo de trabalho com Redux consiste em definir o estado inicial da aplicação em um objeto na `store`, criar `reducers` que definem como os diferentes tipos de ações afetam o estado da aplicação e despachar essas ações através de `action creators` nos componentes que precisam modificá-lo.

O Redux também fornece um conjunto de ferramentas para facilitar o desenvolvimento, como o `DevTools`, que permite visualizar e depurar as ações e o estado da aplicação em tempo real.

O que é Redux?

Redux é uma biblioteca JavaScript para gerenciamento de estado em aplicações web, especialmente em aplicações React. Ele ajuda a centralizar o estado da aplicação em um local e permite que os componentes acessem esse estado sem a necessidade de passá-lo explicitamente entre eles. Com o Redux, é possível criar aplicativos escaláveis e fáceis de manter, onde todas as mudanças no estado são previsíveis e rastreáveis. Ele implementa um padrão de arquitetura conhecido como Flux, que enfatiza a unidirecionalidade do fluxo de dados na aplicação.

Store

No Redux, o store é o objeto central que mantém o estado da aplicação e permite que os componentes acessem e atualizem esse estado. Ele é uma instância do Redux store que gerencia o estado global da aplicação.

O store armazena o estado da aplicação como um objeto simples. Para atualizar o estado, os componentes devem disparar uma ação, que é um objeto que descreve a alteração a ser feita no estado. O store recebe essa ação e atualiza o estado em conformidade. O store então notifica todos os componentes interessados sobre a atualização do estado.

Para criar o store, é necessário passar uma função reducer para a função createStore. O reducer é uma função pura que recebe o estado atual e a ação, e retorna o novo estado atualizado. Por exemplo:

```
import { createStore } from "redux";

const initialState = {
    count: 0,
};

function reducer(state = initialState, action) {
    switch (action.type) {
```

```
        case "INCREMENT":
            return { count: state.count + 1 };
        case "DECREMENT":
            return { count: state.count - 1 };
        default:
            return state;
    }
}

const store = createStore(reducer);

function Counter() {
    const count = useSelector((state) => state.count);
    const dispatch = useDispatch();

    return (
        <div>
            <p>Count: {count}</p>
            <button onClick={() => dispatch({ type:
"INCREMENT" })}>+</button>
            <button onClick={() => dispatch({ type:
"DECREMENT" })}>-</button>
        </div>
    );
}
```

O reducer atualiza o estado da aplicação com base na ação recebida. A ação INCREMENT incrementa o valor do contador em 1, e a ação DECREMENT decrementa o valor do contador em 1.

Os componentes podem acessar o estado do store usando o método getState() do store.

Nesse exemplo, o componente Counter usa o hook useSelector para acessar o estado do contador no store. O componente também usa o hook useDispatch para disparar as ações que atualizam o estado. Quando o botão + é clicado, uma ação INCREMENT é disparada, e quando o botão - é clicado, uma ação DECREMENT é disparada. O store recebe essas ações e atualiza o estado em conformidade, e o componente Counter é atualizado automaticamente para refletir a mudança no estado.

Actions

No **Redux**, uma action é um objeto simples que contém informações sobre algo que aconteceu em sua aplicação. É a única fonte de informação para a **Store** no **Redux**. As ações geralmente têm duas propriedades principais: **type** e **payload**.

- **type**: Uma string que descreve o tipo da ação que está sendo executada.
- **payload**: Os dados que precisam ser passados para a **Store** para realizar alguma ação.

As ações são enviadas para a Store usando a função **dispatch()**. Quando a função é chamada com uma ação, o Redux chama todos os **reducers** registrados na sua aplicação e envia a ação para cada um deles. Os reducers, então, verificam o tipo da ação e atualizam o estado da Store, se necessário.

Aqui está um exemplo de como criar uma ação simples no Redux:

```
// actions.js
export const increment = (value) => ({
    type: "INCREMENT",
    payload: value,
});

export const decrement = (value) => ({
    type: "DECREMENT",
    payload: value,
});
```

Neste exemplo, criamos duas ações chamadas **increment** e **decrement**. Ambas as ações têm um **type** e um **payload**. O tipo (**type**) é uma string que identifica a ação, e o **payload** é o valor que precisa ser atualizado na Store.

Aqui está como usar essas ações no componente React:

```
import React from "react";
import { useDispatch } from "react-redux";
import { increment, decrement } from "./actions";

const Counter = () => {
    const dispatch = useDispatch();

    const handleIncrement = () => {
        dispatch(increment(1));
    };

    const handleDecrement = () => {
        dispatch(decrement(1));
    };

    return (
        <div>
            <h1>Counter</h1>
            <button onClick={handleIncrement}>+</button>
            <button onClick={handleDecrement}>-</button>
        </div>
    );
};

export default Counter;
```

Neste exemplo, importamos as ações increment e decrement e as usamos no componente Counter. Quando o usuário clica nos botões + e -, chamamos a função dispatch() (provida pela biblioteca react-redux) e passamos a ação correspondente com um valor de payload de 1. Em seguida, o Redux atualiza o estado da Store e notifica todos os componentes registrados que há uma mudança de estado.

Então, o componente Counter recebe o novo estado da Store e é renderizado novamente com os novos valores.

Reducers

Um reducer é uma função que recebe um estado atual e uma ação e retorna um novo estado. Ele é usado para atualizar o estado da aplicação quando uma ação é despachada.

Um reducer deve ser uma função pura, ou seja, ele não deve modificar o estado atual, mas sim criar um novo estado baseado no estado atual e na ação despachada.

Veja um exemplo de reducer que atualiza o estado de uma variável counter:

```javascript
const initialState = {
    counter: 0,
};

const reducer = (state = initialState, action) => {
    switch (action.type) {
        case "INCREMENT":
            return {
                ...state,
                counter: state.counter + 1,
            };
        case "DECREMENT":
            return {
                ...state,
                counter: state.counter - 1,
            };
        default:
            return state;
    }
};
```

Neste exemplo, o reducer tem um estado inicial que contém um contador com valor 0. O reducer tem um switch-case que verifica o tipo de ação despachada e retorna um novo estado baseado nessa ação.

No caso de uma ação do tipo `'INCREMENT'`, o reducer retorna um novo estado com o contador incrementado em `1`. No caso de uma ação do tipo `'DECREMENT'`, o reducer retorna um novo estado com o contador decrementado em `1`. Se nenhuma ação correspondente for encontrada, o reducer retorna o estado atual.

O reducer é então adicionado ao `store` do Redux e pode ser usado para atualizar o estado da aplicação quando uma ação é despachada.

Middleware

Middleware no React JS Redux é uma função que atua como *intermediário* entre as ações (actions) e os reducers. Ele é capaz de interceptar as ações e fazer modificações antes que elas sejam enviadas aos reducers. O middleware é muito útil para implementar funcionalidades adicionais ao fluxo de dados, como logs, autenticação, validação de dados, entre outros.

No Redux, os `middlewares` são adicionados à aplicação através da função `applyMiddleware` da biblioteca redux. Esta função recebe como parâmetros as funções dos middlewares que serão utilizados.

Segue abaixo um exemplo de como implementar um middleware simples que imprime no console as ações e o estado atual da aplicação:

```
import { createStore, applyMiddleware } from "redux";

const myMiddleware = (store) => (next) => (action) => {
    console.log("Action:", action);
    console.log("State before: ", store.getState());

    const result = next(action);

    console.log("State after: ", store.getState());

    return result;
};
```

```
const store = createStore(reducer,
applyMiddleware(myMiddleware));
```

Neste exemplo, a função `myMiddleware` recebe o objeto `store` como primeiro parâmetro e retorna uma nova função que recebe a função `next` como parâmetro. Essa função retorna outra função que recebe a ação (`action`) como parâmetro.

Dentro da função `myMiddleware`, é possível fazer qualquer tipo de manipulação com os dados antes de passá-los para a próxima função na cadeia. No exemplo, estamos imprimindo no console a ação recebida e o estado atual da aplicação antes e depois da ação ser processada pelo `reducer`.

Por fim, o `middleware` retorna o resultado da chamada da função `next` passando como parâmetro a ação recebida. O resultado da função `next` é o estado atual da aplicação após a ação ser processada pelo reducer.

O middleware pode ser utilizado para implementar outras funcionalidades. Abaixo estão listadas algumas delas:

- *Autenticação:* verificar se o usuário está autenticado antes de permitir o acesso a uma rota protegida.
- *Thunk:* permitir o uso de funções assíncronas como ações.
- *Saga:* gerenciar o fluxo de dados assíncronos e lidar com side-effects
- *Logger:* imprimir no console as ações e o estado da aplicação para fins de debug.

7. Integração com APIs

Estou sentindo uma treta – Super Lask

Calma, Super Lask, aqui não tem treta alguma. Vamos desmistificar a integração com APIs e você verá o quanto isso é simples. Este capítulo é crucial para o desenvolvimento Front-End. Afinal, de que serve um Front-End sem um Back-End?

Quando se está desenvolvendo uma aplicação web, muitas vezes é necessário buscar informações de um servidor externo, seja para exibir dados ou para enviar informações para um servidor. O React JS tem diversas ferramentas e bibliotecas para lidar com essas requisições.

Axios

Uma das maneiras mais comuns de fazer requisições HTTP no React JS é utilizando a biblioteca Axios. O Axios é uma biblioteca JavaScript que permite fazer requisições HTTP com facilidade e também trata erros e exceções de maneira eficiente. Ele permite enviar e receber dados de forma assíncrona.

Para utilizar o Axios em uma aplicação React JS, é necessário instalar a biblioteca via npm ou yarn e importá-la no componente que irá fazer a requisição:

```
npm install axios
```

Segue abaixo um exemplo de como utilizar o Axios para fazer uma requisição GET a uma API externa e exibir os resultados na tela:

```
import React, { useState, useEffect } from "react";
import axios from "axios";

function App() {
    const [data, setData] = useState([]);

    useEffect(() => {
        axios

.get("https://jsonplaceholder.typicode.com/posts")
            .then((response) => {
                setData(response.data);
            })
            .catch((error) => {
                console.log(error);
            });
    }, []);

    return (
        <div>
            <h1>Lista de posts:</h1>
            <ul>
                {data.map((item) => (
                    <li key={item.id}>{item.title}</li>
                ))}
            </ul>
        </div>
    );
}

export default App;
```

Nesse exemplo, utilizamos o Axios para fazer uma requisição GET à API do JsonPlaceholder, que retorna uma lista de posts. A resposta da requisição é armazenada no estado do componente por meio do hook `useState` e é exibida na tela por meio do método `map()`.

Além do Axios, outras bibliotecas como o Fetch e o jQuery também podem ser utilizadas para fazer requisições HTTP em aplicações React JS.

Tratamento de dados

Além de realizar as requisições, o `Axios` também permite o tratamento dos dados recebidos antes de serem apresentados ao usuário. Por exemplo, é possível realizar a conversão dos dados de JSON para objetos JavaScript e fazer a validação desses dados antes de apresentá-los:

```javascript
import React, { useState, useEffect } from "react";
import axios from "axios";

function App() {
    const [data, setData] = useState([]);

    useEffect(() => {
        axios

.get("https://jsonplaceholder.typicode.com/posts")
            .then((response) => {
                setData(response.data);
            })
            .catch((error) => {
                console.log(error);
            });
    }, []);

    return (
        <div>
            {data.map((item) => (
                <p key={item.id}>{item.title}</p>
            ))}
        </div>
    );
}
```

```
export default App;
```

Nesse exemplo, o useEffect é utilizado para realizar a requisição HTTP assim que o componente for montado. A resposta da requisição é armazenada no estado do componente e os dados são apresentados na tela.

O Axios também permite o uso de interceptadores para tratar requisições e respostas antes de serem enviadas ou retornadas para a aplicação. Isso pode ser útil para adicionar headers ou transformar dados de acordo com uma determinada regra de negócio.

Loading e Error Handling

Quando fazemos uma requisição HTTP, é importante levar em consideração possíveis erros ou atrasos na resposta. Para lidar com isso, podemos utilizar o tratamento de loading e error handling.

O loading indica que a aplicação está esperando a resposta do servidor e, enquanto isso, pode exibir uma animação ou mensagem para o usuário. O error handling, por sua vez, trata possíveis erros que possam ocorrer durante a requisição e exibe uma mensagem de erro para o usuário, caso necessário.

Vamos ver um exemplo de como implementar o tratamento de loading e error handling usando Axios no React JS:

```
import React, { useState, useEffect } from "react";
import axios from "axios";

const ExampleComponent = () => {
    const [data, setData] = useState(null);
    const [isLoading, setIsLoading] = useState(false);
    const [error, setError] = useState(null);

    useEffect(() => {
        const fetchData = async () => {
            setIsLoading(true);
```

```
        try {
            const response = await axios.get(
"https://jsonplaceholder.typicode.com/posts/1"
            );
            setData(response.data);
        } catch (error) {
            setError(error.message);
        }
        setIsLoading(false);
    };
    fetchData();
}, []);

return (
    <div>
        {isLoading ? (
            <p>Loading...</p>
        ) : error ? (
            <p>{error}</p>
        ) : data ? (
            <div>
                <h2>{data.title}</h2>
                <p>{data.body}</p>
            </div>
        ) : null}
    </div>
);
};

export default ExampleComponent;
```

Neste exemplo, estamos fazendo uma requisição HTTP usando o método GET do Axios para obter um post do JSONPlaceholder. Para indicar que a requisição está em andamento, definimos o estado isLoading como true. Se ocorrer um erro na requisição, definimos o estado error com a mensagem de erro.

No retorno do componente, verificamos o estado isLoading, error e data para exibir a mensagem correta para o usuário. Se isLoading for `true`, exibimos a mensagem `"Loading..."`. Se a variável `error` for diferente de `null`, exibimos a mensagem de erro. Caso contrário, exibimos os dados retornados pela requisição.

8. Testes em React JS

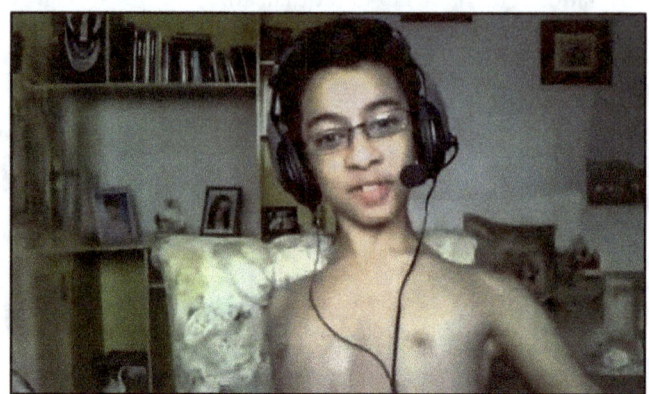

Mamilos são muito polêmicos – Bruno Nicoletti

Tão polêmicos quanto os mamilos são os testes de Front-End. Eles podem ser trabalhosos em alguns casos, mas são tão necessários quanto qualquer outro tipo de teste, pois são responsáveis por manter a qualidade de nossa aplicação.

Os testes são uma parte essencial do desenvolvimento de software, pois permitem garantir que o código funcione corretamente e atenda aos requisitos especificados. No React JS, os testes são realizados utilizando ferramentas como o Jest e o Enzyme, que permitem testar tanto a lógica do componente quanto a interface do usuário.

Os testes no React JS são divididos em três categorias principais: testes unitários, testes de integração e testes de ponta a ponta. Os testes unitários verificam a funcionalidade de uma parte específica do código, enquanto os testes de integração verificam a interação entre diferentes partes do código. Já os testes de ponta a ponta verificam a funcionalidade completa do aplicativo, simulando o comportamento do usuário final.

Os testes no React JS geralmente envolvem a criação de mocks, que são objetos simulados que imitam o comportamento de componentes ou serviços externos. Além disso, é importante testar tanto os casos positivos quanto os negativos, para garantir que o código funcione corretamente mesmo em situações inesperadas.

Os testes são uma parte importante do processo de desenvolvimento de software, pois permitem garantir a qualidade do código e a satisfação dos usuários finais. Além disso, os testes também facilitam a manutenção do código e a detecção de possíveis erros ou bugs em fases posteriores do desenvolvimento.

Jest

O Jest é um framework de teste de JavaScript, criado pelo Facebook, que é frequentemente utilizado para testes de unidades em aplicações React. Ele é fácil de usar e tem uma sintaxe simples, permitindo que os desenvolvedores criem e executem testes de forma eficiente. Para instalar o jest como dependência de desenvolvimento, execute o seguinte comando:

```
npm install --save-dev jest
```

Existem alguns conceitos importantes no Jest:

- *Teste de unidades:* é a prática de testar partes individuais do código para garantir que elas funcionam corretamente antes de integrá-las ao restante do aplicativo. O Jest é ótimo para testes de unidades em React.
- *Matchers:* são funções que são usadas para verificar se o valor de uma variável é igual ou diferente de um valor esperado. Por exemplo, podemos usar a função toEqual() para verificar se um objeto é igual a outro objeto esperado.
- *Mocks:* são objetos falsos que imitam comportamentos de objetos reais, permitindo que os testes sejam executados sem depender de recursos externos. O Jest tem uma biblioteca interna de mocks que é frequentemente usada para testes de unidades em React.

Para usar o Jest com React, podemos instalar a dependência jest no projeto e configurá-lo para funcionar com o ambiente de desenvolvimento do React. Em seguida, podemos escrever testes de unidades para cada componente ou função do aplicativo que desejamos testar. Por exemplo, podemos testar se o componente renderiza corretamente e se o estado do componente está sendo atualizado corretamente com a interação do usuário.

Testaremos o componente abaixo usando Jest.

```jsx
import React, { useState } from 'react';

function MyComponent() {
    const [count, setCount] = useState(0);

    const handleClick = () => {
        setCount(count + 1);
    }

    return (
        <div>
            Hello, World!
            <button onClick={handleClick}>Clique
aqui</button>
            {count > 0 ? (<p>You clicked the button!</p>)
}
        </div>
    );
}

export default Contador;
```

O componente acima apenas exibe um botão e apresenta um texto quando este for clicado.

Aqui está um exemplo de como podemos escrever um teste de unidade simples para um componente React usando o Jest:

```jsx
import React from 'react';
```

```
import { render, screen } from '@testing-library/react';
import userEvent from '@testing-library/user-event';
import MyComponent from './MyComponent';

describe('MyComponent', () => {
    test('should render correctly', () => {
        render(<MyComponent />);
        expect(screen.getByText('Hello,
World!')).toBeInTheDocument();
    });

    test('should update the state correctly', () => {
        render(<MyComponent />);
        const button = screen.getByRole('button');
        expect(button).toBeInTheDocument();

        userEvent.click(button);
        expect(screen.getByText('You clicked the
button!')).toBeInTheDocument();
    });
});
```

Nesse exemplo, estamos testando se o componente MyComponent é renderizado corretamente e se o estado do componente é atualizado corretamente quando o botão é clicado.

Os testes são uma parte fundamental do desenvolvimento de software, pois ajudam a garantir que o aplicativo funciona corretamente e evitam erros e bugs no código. Com o Jest, podemos escrever e executar testes de unidades em React de forma fácil e eficiente, permitindo que os desenvolvedores se concentrem na criação de um código de alta qualidade e confiável.

Enzyme

Enzyme é uma biblioteca de testes para React que permite testar componentes React de forma mais fácil e eficiente. Ela fornece um conjunto de funções para simular ações do usuário e testar a saída do componente. Com Enzyme, é possível testar componentes individualmente ou em conjunto com outros componentes.

Para instalar o Enzyme e seu adaptador como dependências de teste, execute o comando:

```
npm install --save-dev enzyme enzyme-adapter-react-16
```

Depois de instalado o adaptador, é necessário configurá-lo antes de executar os testes. Isso pode ser feito adicionando o seguinte código no arquivo de configuração dos testes:

```
import { configure } from 'enzyme';
import Adapter from 'enzyme-adapter-react-16';

configure({ adapter: new Adapter() });
```

Com essa configuração, o Enzyme está pronto para ser usado com o React. Agora é possível renderizar componentes React em testes automatizados e utilizar as ferramentas de teste do Enzyme para verificar o comportamento do componente.

Enzyme é uma biblioteca de código aberto criada pela Airbnb e é compatível com os três tipos de componentes React: *componentes funcionais, componentes de classe* e *componentes de ordem superior*.

Renderizadores do Enzyme: mount, shallow e render

O enzyme possui três "modos" de renderização, apresentados detalhadamente a seguir:

```
import { mount, shallow, render } from "enzyme";

// Renderiza a árvore completa do componente:
```

```
const wrapper = mount(<MyComponent prop="value" />);

// Renderiza somente a saída direta do `MyComponent`
const wrapper = shallow(<MyComponent prop="value" />);

// Renderiza a árvore completa do componente em uma string
HTML
// processando o resultado
const wrapper = render(<MyComponent prop="value" />);
```

- A função **mount** renderiza o componente e todos os seus descendentes da mesma forma que seriam renderizados no navegador.
- A função **shallow** renderiza apenas os nós DOM que são gerados diretamente pelo componente. Quaisquer componentes filhos são substituídos por espaços reservados que geram apenas seus filhos. A vantagem desse modo é que você pode escrever testes para componentes sem depender dos detalhes dos componentes filhos sem precisar simular todas as suas dependências. O modo de renderização superficial funciona de maneira diferente internamente com o adaptador Preact em comparação com o React. Mais adiante falaremos das diferenças e isso ficará mais claro.
- A função **render** renderiza um componente para uma string HTML. Isso é útil para testar a saída da renderização no servidor ou renderizar um componente sem acionar nenhum de seus efeitos.

Aqui está um exemplo de como usar Enzyme para testar um componente React:

```
import React from "react";
import Enzyme, { shallow } from "enzyme";
import Adapter from "enzyme-adapter-react-16";
import MyComponent from "./MyComponent";
```

```
Enzyme.configure({ adapter: new Adapter() });

describe("MyComponent", () => {
    it("renders without crashing", () => {
        shallow(<MyComponent />);
    });
});
```

Neste exemplo, estamos testando se o componente MyComponent é renderizado sem falhas. Usamos a função shallow de Enzyme para renderizar o componente e verificar se ele não lança uma exceção.

Além disso, Enzyme fornece uma série de funções de simulação de eventos que podem ser usadas para testar a interação do usuário com o componente:

```
import React from "react";
import Enzyme, { shallow } from "enzyme";
import Adapter from "enzyme-adapter-react-16";
import MyComponent from "./MyComponent";

Enzyme.configure({ adapter: new Adapter() });

describe("MyComponent", () => {
    it("calls the onClick function when clicked", () => {
        const onClick = jest.fn();
        const wrapper = shallow(<MyComponent
onClick={onClick} />);
        wrapper.find("button").simulate("click");
        expect(onClick).toHaveBeenCalled();
    });
});
```

Aqui estamos testando se a função onClick é chamada quando o botão é clicado. Usamos a função simulate de Enzyme para simular o evento de clique no botão e verificar se a função onClick foi chamada.

Em geral, Enzyme é uma biblioteca poderosa para testar componentes React e pode ser facilmente integrada com outras bibliotecas de teste, como Jest.

Testando componentes e funções

Testar componentes e funções em React JS é uma etapa crucial do desenvolvimento de um aplicativo, pois garante que eles funcionem corretamente antes de serem implantados em produção. Para realizar os testes, existem diversas ferramentas disponíveis, sendo o Jest a mais popular e amplamente utilizada.

Os testes podem ser realizados em diferentes níveis, desde testes de unidade de funções individuais até testes de integração de componentes inteiros com dependências externas. Para cada nível, há abordagens e ferramentas diferentes.

No caso de testes de componentes, o Enzyme é uma biblioteca popular que permite simular interações de usuários com o componente e testar o resultado. É possível testar a renderização correta de elementos, a manipulação de eventos e o estado interno do componente.

Além disso, é importante lembrar que a implementação de testes automatizados é um investimento a longo prazo, pois economiza tempo e reduz erros durante o processo de desenvolvimento. Testes bem escritos e executados regularmente aumentam a confiabilidade do código e permitem uma manutenção mais eficiente.

Exemplo prático usando Jest

A seguir, apresentaremos um caso bem simples de um componente e seu teste usando Jest:

```
// Componente React que exibe um botão e conta quantas
vezes foi clicado
import React, { useState } from "react";
```

```
function Contador() {
    const [count, setCount] = useState(0);

    const handleClick = () => {
        setCount(count + 1);
    };

    return (
        <div>
            <button onClick={handleClick}>Clique
aqui</button>
            <p>Você clicou {count} vezes</p>
        </div>
    );
}

export default Contador;
```

Neste exemplo, o componente Contador possui um estado interno que é atualizado toda vez que o botão é clicado. Agora vamos criar um teste completo para este componente usando Jest:

```
// Teste do componente Contador usando Jest
import React from "react";
import { render, fireEvent } from "@testing-
library/react";
import Contador from "./Contador";

describe("Contador", () => {
    test("deve exibir o número de cliques corretamente",
() => {
        const { getByText } = render(<Contador />);
        const botao = getByText("Clique aqui");
        const texto = getByText("Você clicou 0 vezes");

        expect(botao).toBeInTheDocument();
        expect(texto).toBeInTheDocument();

        fireEvent.click(botao);
```

```
        expect(texto).toHaveTextContent("Você clicou 1
vezes");

        fireEvent.click(botao);
        fireEvent.click(botao);

        expect(texto).toHaveTextContent("Você clicou 3
vezes");
    });
});
```

Neste teste, estamos utilizando as funções render e fireEvent do pacote @testing-library/react para renderizar o componente Contador e simular cliques no botão. Estamos testando se o número de cliques exibido no texto é atualizado corretamente ao clicar no botão. Se todos os testes passarem, podemos ter mais confiança de que o componente está funcionando corretamente em diferentes cenários.

É importante ressaltar que este é apenas um exemplo básico de como testar um componente React com Jest. Em projetos reais, é importante escrever testes mais abrangentes para garantir a qualidade do código.

Exemplo prático usando Enzyme

Aqui está um exemplo de código de um componente React simples e o seu teste completo usando o Enzyme, em que testaremos um componente simples (botão):

```
import React from "react";

const Button = ({ text, onClick }) => {
    return <button onClick={onClick}>{text}</button>;
};

export default Button;
```

O código a seguir representa a classe de teste do componente Button:

```
import React from "react";
import { shallow } from "enzyme";
import Button from "./Button";

describe("Button", () => {
    it("should render a button with the correct text", ()
=> {
        const mockFn = jest.fn();
        const wrapper = shallow(<Button text="Click me"
onClick={mockFn} />);
        expect(wrapper.text()).toEqual("Click me");
    });

    it("should call the onClick function when clicked", ()
=> {
        const mockFn = jest.fn();
        const wrapper = shallow(<Button text="Click me"
onClick={mockFn} />);
        wrapper.find("button").simulate("click");
        expect(mockFn).toHaveBeenCalled();
    });
});
```

No exemplo acima, o teste usa o shallow do Enzyme para renderizar o componente sem renderizar seus componentes filhos. O primeiro teste verifica se o componente renderiza corretamente com o texto esperado. O segundo teste verifica se a função onClick é chamada quando o botão é clicado, simulando um evento de clique usando simulate do Enzyme.

É importante notar que esse é apenas um exemplo simples para ilustrar o uso do Enzyme em testes de componentes React. Em projetos reais, é recomendável escrever testes mais abrangentes e testar várias interações possíveis com o componente.

9. React JS avançado

Taca-le pau nesse carrinho, Marcos! – Leandro Beninca

Lá vem o Marcos, descendo o morro da Vó Sauvelina! E nós, com essa mesma velocidade, mas usando o teclado em vez do carrinho de rolimã, desbravaremos agora um conteúdo mais avançado em React JS.

Este capítulo é voltado para usuários que já possuem uma base sólida em React e buscam aprimorar seus conhecimentos em técnicas avançadas e recursos mais avançados da biblioteca.

Cada tópico é apresentado de forma clara e concisa, com exemplos práticos que mostram como aplicar as técnicas abordadas em projetos reais. Essas técnicas ajudam a melhorar a performance, a reutilização e a organização do código, além de fornecer uma base sólida para projetos maiores e mais complexos.

Renderização com React.memo e useMemo

Na renderização de componentes em React, é importante considerar o desempenho da aplicação. Uma forma de melhorar o desempenho é evitar renderizações desnecessárias. O `React.memo` e o `useMemo` são duas ferramentas que ajudam a atingir esse objetivo.

O React.memo é um componente de ordem superior que pode ser usado para memoizar (armazenar em cache) um componente com base em suas propriedades. Isso significa que o componente só será renderizado novamente se suas propriedades forem alteradas. Caso contrário, ele reutilizará a renderização anterior.

O useMemo é um hook do React que permite memoizar o resultado de uma função. Ou seja, se uma função é executada várias vezes com os mesmos argumentos, o useMemo armazenará em cache o resultado da primeira execução e o retornará para as próximas execuções com os mesmos argumentos. Isso ajuda a evitar o processamento desnecessário e a melhorar o desempenho.

A seguir, temos um exemplo de como usar o React.memo para memorizar um componente:

```
import React, { memo } from "react";

const MemorizedComponent = memo((props) => {
    return <div>{props.text}</div>;
});
```

Nesse exemplo, o componente MemorizedComponent é memorizado com base em suas propriedades (props). Portanto, se as propriedades não forem alteradas, o componente reutilizará a renderização anterior.

Agora, vamos ver um exemplo de como usar o useMemo para memorizar o resultado de uma função:

```
import React, { useMemo } from "react";

const MemorizedFunction = () => {
    const value = useMemo(() => {
        let result = 0;
        for (let i = 0; i < 100000000; i++) {
            result += i;
        }
```

```
    return result;
}, []);

return <div>{value}</div>;
};
```

Nesse exemplo, a função é executada apenas uma vez, quando o componente é montado. Em seguida, o valor é memoizado e reutilizado nas renderizações subsequentes do componente.

Em resumo, o `React.memo` e o `useMemo` são ferramentas úteis para melhorar o desempenho da renderização em React. O primeiro pode ser usado para memorizar componentes com base em suas propriedades, enquanto o último pode ser usado para memorizar o resultado de uma função. Ao memorizar componentes e funções, podemos evitar renderizações desnecessárias e melhorar o desempenho da aplicação.

Utilizando Refs para acessar elementos do DOM

`Refs` são uma forma de acessar e manipular elementos do DOM diretamente em React. É uma forma de contornar a abordagem usual do React de manter o estado dos elementos em um componente. Com o uso de `refs`, é possível interagir diretamente com esses elementos sem precisar passar por toda a estrutura de componentes.

Para utilizar `refs` em React, é necessário utilizar a função `createRef()`, que é responsável por criar a referência ao elemento que se deseja acessar. Em seguida, essa referência pode ser passada para o elemento em questão, utilizando a propriedade `ref`.

Por exemplo, imagine que se queira obter o valor de um `input` ao clicar em um botão. O código seria semelhante a este:

```
import React, { createRef } from "react";

function App() {
    const inputRef = createRef();
```

```
const handleClick = () => {
    console.log(inputRef.current.value);
};

return (
    <div>
        <input ref={inputRef} />
        <button onClick={handleClick}>Obter
valor</button>
    </div>
);
}
```

Nesse exemplo, a referência ao input é criada utilizando a função createRef() e armazenada na constante inputRef. Em seguida, essa referência é passada para o input utilizando a propriedade ref. Ao clicar no botão, a função handleClick é chamada e o valor do input é obtido através da propriedade value do objeto retornado por inputRef.current.

O uso de refs pode ser especialmente útil em casos em que é necessário manipular elementos diretamente, como em integrações com bibliotecas externas ou em casos em que é necessário obter informações específicas de um elemento que não estão disponíveis através do estado do componente.

Porém, é importante lembrar que o uso excessivo de refs pode comprometer a integridade da estrutura de componentes do React, já que é uma abordagem que contorna o fluxo de dados unidirecional do framework. Por isso, o ideal é utilizar refs apenas em casos realmente necessários e procurar sempre manter a estrutura de componentes do React o mais intacta possível.

Trabalhando com Portais (Portals) no React

Os Portals são uma funcionalidade do React que permite renderizar um componente em um ponto específico fora da hierarquia de componentes, geralmente no final do elemento body. Isso pode ser útil em casos em que você precisa exibir um componente em um contexto diferente, como um modal que precisa ser exibido acima de todos os outros elementos da página.

Para criar um Portal em React, você pode usar a API ReactDOM.createPortal(), que recebe dois argumentos: o primeiro é o conteúdo que você deseja renderizar e o segundo é o elemento de destino onde o conteúdo deve ser renderizado.

Veja um exemplo simples de como criar um Portal para exibir um modal:

```
import React from "react";
import ReactDOM from "react-dom";

class Modal extends React.Component {
    render() {
        return ReactDOM.createPortal(
            <div className="modal">
                <div className="modal-
content">{this.props.children}</div>
            </div>,
            document.getElementById("modal-root")
        );
    }
}

class App extends React.Component {
    constructor(props) {
        super(props);
        this.state = { showModal: false };
        this.handleShowModal =
this.handleShowModal.bind(this);
        this.handleCloseModal =
this.handleCloseModal.bind(this);
    }

    handleShowModal() {
        this.setState({ showModal: true });
```

```
    }

    handleCloseModal() {
        this.setState({ showModal: false });
    }

    render() {
        return (
            <div>
                <button
onClick={this.handleShowModal}>Show Modal</button>
                {this.state.showModal && (
                    <Modal>
                        <h1>Modal Title</h1>
                        <p>Modal content goes here</p>
                        <button
onClick={this.handleCloseModal}>Close Modal</button>
                    </Modal>
                )}
            </div>
        );
    }
}

ReactDOM.render(<App />, document.getElementById("root"));
```

Nesse exemplo, o elemento modal é renderizado fora da hierarquia de componentes em um elemento com o ID modal-root. Quando o botão "Show Modal" é clicado, o estado showModal é definido como true, o que faz com que o componente Modal seja renderizado na árvore de componentes e exiba o conteúdo do modal.

O uso de Portals permite que os componentes sejam renderizados fora da hierarquia de componentes do React, o que pode melhorar significativamente o desempenho em certos cenários. Além disso, os Portals podem ser usados para exibir conteúdo em camadas acima de outros elementos da página, o que pode ser útil em casos em que você precisa exibir conteúdo como modais, menus, pop-ups e outros elementos de interface de usuário.

Renderização com React.Fragment e Short-circuit Evaluation

React.Fragment é uma maneira de renderizar um grupo de elementos filhos sem adicionar um nó extra ao DOM. Geralmente, quando precisamos renderizar um conjunto de elementos no React, precisamos envolvê-los em uma tag, como uma div, por exemplo. Com o uso do React.Fragment, podemos evitar a criação dessa tag extra no DOM, o que pode melhorar a performance e a semântica do código.

Para usar o React.Fragment, basta importá-lo do React e usá-lo como uma tag, envolvendo os elementos que desejamos renderizar. Por exemplo:

```
import React from "react";

function MyComponent() {
    return (
        <React.Fragment>
            <h1>Título</h1>
            <p>Parágrafo 1</p>
            <p>Parágrafo 2</p>
        </React.Fragment>
    );
}
```

Outra técnica que podemos usar em conjunto com o React.Fragment é o *Short-circuit Evaluation*, que é uma forma de renderizar condicionalmente elementos no React, sem a necessidade de usar uma instrução if ou operador ternário. Podemos usar essa técnica para renderizar um elemento apenas se uma determinada condição for verdadeira.

Por exemplo, suponha que temos um componente que renderiza uma lista de itens, mas alguns itens podem estar vazios. Para evitar a renderização de um elemento vazio, podemos usar o *Short-circuit Evaluation* da seguinte forma:

```
import React from "react";

function MyComponent({ items }) {
    return (
        <ul>
            {items.map(
                (item, index) =>
                    // Se o item não estiver vazio,
renderiza um li com o valor do item
                    item && <li key={index}>{item}</li>
            )}
        </ul>
    );
}
```

Nesse exemplo, usamos a expressão `item && <li key={index}>{item}</li>` para renderizar um elemento li apenas se o item for verdadeiro. Caso contrário, a expressão retorna `null` e o elemento não é renderizado.

Essas são algumas técnicas que podemos usar para melhorar a renderização de elementos no React, evitando a criação de elementos desnecessários no DOM e tornando o código mais semântico e fácil de entender.

Criando e Utilizando HOCs (Higher-Order Components)

HOCs (Higher-Order Components) são funções que recebem um componente como argumento e retornam um novo componente com algumas melhorias ou funcionalidades adicionais. Em outras palavras, eles permitem estender a funcionalidade de um componente sem precisar modificar o próprio componente.

Um exemplo básico de HOC é uma função que adiciona um novo prop a um componente existente:

```js
const withTimestamp = (WrappedComponent) => {
    return (props) => {
        const timestamp = Date.now();
        return <WrappedComponent {...props}
timestamp={timestamp} />;
    };
};
const MyComponent = ({ timestamp }) => {
    return <div>Timestamp: {timestamp}</div>;
};
const MyComponentWithTimestamp =
withTimestamp(MyComponent);
// Renderiza <div>Timestamp: 1621190283584</div>
ReactDOM.render(<MyComponentWithTimestamp />,
document.getElementById("root"));
```

Neste exemplo, withTimestamp é a HOC que adiciona a prop timestamp ao componente MyComponent. Essa propriedade contém o valor da data e hora atual.

Outro exemplo de HOC é uma função que adiciona lógica de autenticação a um componente. O HOC verifica se o usuário está autenticado e, se sim, renderiza o componente. Caso contrário, redireciona o usuário para a página de login.

```js
const withAuth = (WrappedComponent) => {
    return (props) => {
        const isAuthenticated = checkAuthentication(); //
função que verifica se o usuário está autenticado
        if (isAuthenticated) {
            return <WrappedComponent {...props} />;
        } else {
            return <Redirect to="/login" />;
        }
    };
};
```

```
const MyComponent = () => {
    return <div>Conteúdo autenticado</div>;
};
const MyComponentWithAuth = withAuth(MyComponent);
// Renderiza <div>Conteúdo autenticado</div> se o usuário
estiver autenticado
// Caso contrário, redireciona para /login
ReactDOM.render(<MyComponentWithAuth />,
document.getElementById("root"));
```

Neste exemplo, withAuth é a HOC que adiciona a lógica de autenticação ao componente MyComponent. A função checkAuthentication verifica se o usuário está autenticado. Se sim, o componente é renderizado normalmente. Caso contrário, o usuário é redirecionado para a página de login.

As HOCs são uma técnica muito útil para reutilizar lógica comum entre vários componentes diferentes, tornando o código mais limpo e fácil de manter. Elas podem ser combinadas para criar comportamentos mais complexos e podem ser usadas com muitas das outras técnicas avançadas do React, como renderização condicional, renderização de alto desempenho etc.

Trabalhando com Hooks

Os Hooks são uma adição relativamente recente ao React que permite o uso de estado e outras funcionalidades do React em componentes de função. Com os Hooks, é possível escrever componentes de função que possuem recursos anteriormente disponíveis apenas em componentes de classe.

Existem alguns Hooks integrados no React, como o useState, useEffect, useContext, useReducer, entre outros. Cada Hook possui uma funcionalidade específica para ajudar a gerenciar o estado ou outras ações em componentes de função.

O useState é um dos Hooks mais utilizados, e permite que o componente de função tenha um estado interno. Ele retorna um array com duas posições: a primeira é o valor atual do estado e a segunda é uma função para atualizar o estado. Por exemplo:

```
import React, { useState } from "react";
function Exemplo() {
    const [count, setCount] = useState(0);
    return (
        <div>
            <p>Você clicou {count} vezes</p>
            <button onClick={() => setCount(count + 1)}>
                Clique aqui
                </button>
        </div>
    );
}
```

O useEffect é outro Hook muito útil para lidar com efeitos colaterais em componentes de função. Ele permite que um componente execute efeitos secundários após a renderização. Por exemplo, realizar uma chamada de API, atualizar o título da página, entre outros. O useEffect recebe uma função como parâmetro e pode ter uma dependência opcional que define quando a função deve ser executada. Por exemplo:

```
import React, { useState, useEffect } from "react";
function Exemplo() {
    const [count, setCount] = useState(0);
    useEffect(() => {
        document.title = `Você clicou ${count} vezes`;
    }, [count]);
    return (
        <div>
            <p>Você clicou {count} vezes</p>
            <button onClick={() => setCount(count + 1)}>
                Clique aqui
```

```
        </button>
    </div>
);
}
```

Os Hooks são uma ferramenta poderosa para criar componentes de função com as mesmas funcionalidades de componentes de classe. Eles permitem que o código seja mais conciso e fácil de entender.

Compartilhando comportamentos entre componentes com RenderProps

Em React, é possível compartilhar comportamentos entre componentes usando *Render Props*. Essa é uma técnica em que um componente fornece uma função como prop para outro componente, que pode chamar essa função para obter dados ou comportamentos. Isso é semelhante ao padrão de *Injeção de Dependência*, em que uma classe ou função é fornecida com dependências por meio de argumentos.

Para usar *Render Props* em React, primeiro criamos um componente que fornece uma função como prop. Essa função pode retornar dados ou comportamentos que queremos compartilhar com outros componentes. Aqui está um exemplo simples de um componente que fornece um contador:

```
import React, { useState } from "react";
function Counter(props) {
    const [count, setCount] = useState(0);
    return props.render(count, () => setCount(count + 1));
}
```

Nesse exemplo, usamos o Hook useState para manter o estado interno do componente Counter. Em vez de renderizar algum conteúdo, o componente Counter passa o estado do contador e uma função para atualizá-lo por meio da prop render.

Agora podemos usar o componente Counter em outro lugar e fornecer nossa própria função para renderizar o conteúdo. Aqui está um exemplo de como podemos usar o Counter para exibir o contador atual em um elemento div:

```
import React from "react";
import Counter from "./Counter";

function App() {
    return (
        <Counter
            render={(count, increment) => (
                <div>
                    <p>Count: {count}</p>
                    <button
onClick={increment}>Increment</button>
                </div>
            )}
        />
    );
}
```

Nesse exemplo, passamos uma função para a prop render do componente Counter. Essa função recebe o estado atual do contador e a função increment para atualizá-lo. Em seguida, ela renderiza o conteúdo que desejamos com base nesses dados.

Render Props pode ser usado para compartilhar uma ampla variedade de comportamentos e dados entre componentes. É uma técnica poderosa e flexível que pode ajudar a manter seu código modular e fácil de entender.

Implementando padrões avançados de arquitetura, como Flux e Redux

Flux e *Redux* são padrões avançados de arquitetura usados no desenvolvimento de aplicativos React JS. Eles são usados para gerenciar o estado global de um aplicativo React JS.

O *Flux* é uma arquitetura de gerenciamento de estado desenvolvida pelo Facebook. Ela apresenta uma arquitetura unidirecional para gerenciar o estado da aplicação. As ações são geradas pelo usuário ou pelo sistema, passam pelo `dispatcher`, são processadas pelo `store` e notificam as `views`.

Já o *Redux* é uma biblioteca de gerenciamento de estado que trabalha com um `store` centralizado. O `store` contém o estado da aplicação e pode ser atualizado apenas por meio de ações. As `views` enviam ações para o `store` e as mudanças são notificadas aos componentes.

A seguir, veremos exemplos de como implementar esses padrões avançados de arquitetura em um aplicativo React JS.

Redux

Para instalar o Redux em um projeto React, é necessário instalar as seguintes dependências:

```
npm install redux react-redux
```

A primeira dependência é o *Redux* em si, enquanto a segunda é uma biblioteca que facilita a integração do *Redux* com o React.

Configurando a Store

A Store é o objeto que representa o estado da aplicação em um aplicativo Redux. Para criar a Store, é necessário criar um arquivo store.js e adicionar o seguinte código:

```
import { createStore } from "redux";

const initialState = {};

const reducer = (state = initialState, action) => {
    switch (action.type) {
        default:
            return state;
    }
};

const store = createStore(reducer);

export default store;
```

Aqui, criamos uma Store vazia com um reducer padrão que retorna o estado atual. A partir daqui, podemos adicionar actions e reducers personalizados para atualizar o estado.

Configurando o Provider

O Provider é um componente que permite que os componentes React acessem a Store do Redux. Para configurar o Provider, é necessário envolver o componente raiz da aplicação com o Provider, passando a Store como prop:

```
import React from "react";
import ReactDOM from "react-dom";
import { Provider } from "react-redux";
import store from "./store";
```

```
import App from "./App";

ReactDOM.render(
    <Provider store={store}>
        <App />
    </Provider>,
    document.getElementById("root")
);
```

Criando Actions

As Actions são objetos que representam uma mudança no estado do aplicativo. Elas são enviadas para os reducers para atualizar o estado da aplicação. Aqui, criamos uma Action que atualiza o estado de um contador:

```
export const incrementCounter = () => ({
    type: "INCREMENT_COUNTER",
});
```

Criando Reducers

Os Reducers são funções que atualizam o estado da aplicação com base na Action recebida. Aqui, criamos um reducer que atualiza o estado de um contador:

```
const initialState = {
    counter: 0,
};

const counterReducer = (state = initialState, action) => {
    switch (action.type) {
        case "INCREMENT_COUNTER":
            return { ...state, counter: state.counter + 1 }
    };

        default:
            return state;
```

```
    }
};
```

```
export default counterReducer;
```

Usando o useDispatch e useSelector

Para acessar a Store e despachar uma Action, podemos usar o hook useDispatch. Para acessar o estado da Store, podemos usar o hook useSelector:

```
import React from "react";
import { useDispatch, useSelector } from "react-redux";
import { incrementCounter } from "./actions";
const Counter = () => {
    const dispatch = useDispatch();
    const counter = useSelector((state) => state.counter);
    return (
        <div>
            <h1>{counter}</h1>
            <button onClick={() =>
dispatch(incrementCounter())}>Increment</button>
        </div>
    );
};
export default Counter;
```

Aqui, usamos o hook useDispatch para despachar a Action incrementCounter e o hook useSelector para acessar o estado do contador na Store.

Conclusão

Esse é um exemplo básico de como utilizar o Redux em um projeto React. É importante lembrar que a implementação do Redux pode variar dependendo do projeto e dos requisitos específicos.

Flux

O Flux é uma arquitetura de gerenciamento de estado que é semelhante ao Redux, mas tem algumas diferenças importantes. Vamos ver um exemplo completo de como instalar e usar o Flux em uma aplicação React.

Antes de começar, certifique-se de ter o Node.js e o npm (gerenciador de pacotes do Node.js) instalados em seu computador.

Criação do projeto React

Para começar, vamos criar um novo projeto React usando o comando create-react-app do npm. Abra o seu terminal e digite:

```
npx create-react-app my-flux-app
```

Este comando criará um novo projeto React com todas as dependências necessárias instaladas.

Em seguida, navegue até o diretório do projeto com o comando:

```
cd my-flux-app
```

Instalação das dependências do Flux

Para usar o Flux em nossa aplicação, precisamos instalar suas dependências. Execute o seguinte comando no terminal:

```
npm install --save flux
```

Isso instalará o pacote Flux em nosso projeto e adicionará uma entrada ao arquivo package.json.

Criação de um Dispatcher

Um `Dispatcher` é o responsável por enviar as ações para os `Stores` registrados. Ele é criado da seguinte forma:

```
import { Dispatcher } from "flux";

const AppDispatcher = new Dispatcher();

export default AppDispatcher;
```

Criando um Store

Em seguida, vamos criar uma store Flux para gerenciar o estado da nossa aplicação. A store é responsável por manter o estado e fornecer métodos para atualizá-lo. Ele deve ter a capacidade de se registrar com o `Dispatcher` e responder às ações recebidas. Um exemplo de `Store`:

```
import AppDispatcher from "../dispatcher/AppDispatcher";
import { EventEmitter } from "events";
import Constants from "../constants/Constants";

const CHANGE_EVENT = "change";

let _data = [];

function setData(data) {
    _data = data;
}

class DataStore extends EventEmitter {
    emitChange() {
        this.emit(CHANGE_EVENT);
    }

    addChangeListener(callback) {
        this.on(CHANGE_EVENT, callback);
```

```
    }

    removeChangeListener(callback) {
        this.removeListener(CHANGE_EVENT, callback);
    }

    getData() {
        return _data;
    }
}

const storeInstance = new DataStore();

storeInstance.dispatchToken =
AppDispatcher.register((action) => {
    switch (action.actionType) {
        case Constants.SET_DATA:
            setData(action.data);
            storeInstance.emitChange();
            break;
        default:
            break;
    }
});

export default storeInstance;
```

Criação de actions

As ações são as mensagens que são enviadas para o Dispatcher e que o Store ouve para atualizar os dados. Um exemplo de ação:

```
import AppDispatcher from "../dispatcher/AppDispatcher";
import Constants from "../constants/Constants";

const Actions = {
    setData: (data) => {
        AppDispatcher.dispatch({
            actionType: Constants.SET_DATA,
```

```
            data,
        });
    },
};

export default Actions;
```

Criando um componente React que usa o Store

O componente deve se registrar para ouvir as alterações no <mark>Store</mark> e atualizar o estado com os novos dados.

Um exemplo:

```
import React, { Component } from "react";
import DataStore from "../stores/DataStore";
import Actions from "../actions/Actions";

class DataComponent extends Component {
    constructor(props) {
        super(props);
        this.state = {
            data: DataStore.getData(),
        };
        this.onChange = this.onChange.bind(this);
    }

    componentDidMount() {
        DataStore.addChangeListener(this.onChange);
        Actions.setData(["foo", "bar", "baz"]);
    }

    componentWillUnmount() {
        DataStore.removeChangeListener(this.onChange);
    }

    onChange() {
        this.setState({ data: DataStore.getData() });
    }
    render() {
```

```
  return (
    <div>
      {this.state.data.map((item, index) => (
        <div key={index}>{item}</div>
      ))}
    </div>
  );
  }
}

export default DataComponent;
```

Conclusão

O Flux é uma arquitetura de aplicação para o gerenciamento de estado unidirecional. Ele resolve muitos dos problemas de gerenciamento de estado em aplicações React JS complexas. Usando o Flux, o código se torna mais organizado e fácil de manter. Ele também ajuda a tornar o código mais escalável, permitindo que você crie aplicativos maiores e mais complexos sem que isso se torne uma tarefa difícil.

Renderização server-side

Renderização server-side em React JS, também conhecida como renderização do lado do servidor ou SSR (*Server-Side Rendering*), é uma técnica de renderização em que o código JavaScript do lado do servidor é usado para criar a marcação HTML a ser enviada para o navegador do usuário.

A principal vantagem da renderização server-side é a melhoria da experiência do usuário, uma vez que permite que a página seja carregada mais rapidamente e seja mais amigável para mecanismos de busca. Além disso, a SSR é particularmente útil em aplicativos em que o conteúdo é atualizado com frequência e é importante ter a capacidade de indexação de mecanismos de busca.

Para implementar a renderização server-side em React JS, é preciso configurar o ambiente do servidor para suportar o uso do React JS e usar uma biblioteca de renderização server-side, como o React-Router ou Next.js. Em seguida, é necessário criar um ponto de entrada no servidor que irá gerar a resposta HTML e enviar para o cliente.

A seguir, um exemplo básico de renderização server-side em React JS usando o Next.js:

```javascript
// arquivo: pages/index.js
import React from "react";

export default function Home() {
    return (
        <div>
            <h1>Hello World!</h1>
            <p>Welcome to my React SSR app.</p>
        </div>
    );
}

// arquivo: server.js

const express = require("express");
const next = require("next");

const dev = process.env.NODE_ENV !== "production";
const app = next({ dev });
const handle = app.getRequestHandler();

app.prepare().then(() => {
    const server = express();

    server.get("*", (req, res) => {
        return app.render(req, res, "/");
    });

    server.listen(3000, (err) => {
        if (err) throw err;
        console.log("> Ready on http://localhost:3000");
```

```
    });
});
```

Neste exemplo, a página inicial do aplicativo é definida no arquivo `index.js` e o servidor é configurado no arquivo `server.js`. O servidor é iniciado com `express` e `next` é usado para renderizar a página inicial do aplicativo.

Concluindo, a renderização server-side em React JS é uma técnica útil para melhorar a experiência do usuário e a indexação em mecanismos de busca. Embora possa haver um aumento no tempo de configuração, os benefícios de uma renderização mais rápida e amigável para mecanismos de busca tornam essa técnica uma escolha valiosa para muitos aplicativos.

Performance e otimizações

Performance e otimizações são fundamentais em qualquer aplicativo e, no React, não é diferente. Algumas práticas podem ser adotadas para garantir que o aplicativo seja executado de forma mais eficiente e rápida.

Uma das principais estratégias para melhorar o desempenho do React é a renderização condicional. Isso envolve o uso de condições para evitar que componentes desnecessários sejam renderizados na tela. Por exemplo, em vez de renderizar todos os itens de uma lista, pode-se usar uma condição para renderizar apenas os itens que atendem a um determinado critério.

Outra estratégia importante é o uso de memorização, que pode ser feito usando o hook `useMemo`. A memorização é uma técnica que armazena em cache o resultado de uma função com base em seus argumentos de entrada, para que não seja necessário recalcular o resultado sempre que a função for chamada com os mesmos argumentos. Isso pode melhorar significativamente o desempenho em componentes que são renderizados com frequência.

Outra técnica para melhorar o desempenho é o *lazy loading*, que envolve o carregamento tardio de componentes ou recursos. Isso significa que os componentes ou recursos são carregados apenas quando são necessários, em vez de serem carregados todos de uma vez, o que pode afetar negativamente o desempenho.

Também é importante evitar a renderização excessiva de componentes, o que pode ser feito usando o `shouldComponentUpdate` ou o hook `React.memo`. Essas ferramentas ajudam a evitar a renderização desnecessária de componentes quando não há alterações significativas em seus `props` ou estado.

Outra forma de melhorar o desempenho é usando o `requestAnimationFrame` para animações em vez do `setTimeout`. Isso permite que as animações sejam executadas em sincronia com o tempo de atualização da tela, o que melhora a fluidez da animação.

Por fim, é importante fazer uso de ferramentas de diagnóstico, como o *React Developer Tools*, para identificar gargalos de desempenho no aplicativo. Essas ferramentas ajudam a identificar os componentes que estão causando a maior carga no processador e a tomar medidas para melhorar o desempenho.

Em resumo, para melhorar a performance e otimização do React, deve-se usar renderização condicional, memorização, *lazy loading*, evitar a renderização excessiva de componentes, usar `requestAnimationFrame` para animações e utilizar ferramentas de diagnóstico. Essas práticas podem melhorar significativamente o desempenho do aplicativo e a experiência do usuário.

10. Projeto prático

Já acabou, Jéssica? – Lara da Silva

Sim, Lara, o livro está acabando... Mas, assim como a Jéssica, vamos pôr a mão na massa (sem agredir ninguém) e fazer um projeto do zero, passo a passo, explicando tudo para você, caríssimo leitor. É hora de começar nosso projeto prático!

Desenvolvendo uma aplicação completa com React JS

Vamos desenvolver um projeto em React JS tentando abordar grande parte dos tópicos apresentados até aqui. Vamos criar uma aplicação que simula um site de e-commerce, de forma bem simplificada, com foco no Front-End.

Nesse projeto, o usuário será capaz de visualizar uma lista de produtos, abrir seus detalhes, simular um login e adicionar/remover produtos a um carrinho de compras. Iremos apresentar também o consumo de uma API simples de cotação de moedas (Dólar, Euro) para não deixar esse exemplo 100% Front-End.

Esse projeto utilizará **hooks**, **reducers**, **store**, **actions**, **bootstrap**, carregamentos parciais e condicionais, link para rotas internas com passagem de parâmetros etc.

Será utilizado o framework **Jest** para a cobertura de nossos componentes com testes unitários.

Vamos percorrer os seguintes passos:

1. Instalação e configuração do ambiente.
2. Criação da estrutura do projeto.
3. Criação dos componentes.
4. Disponibilização de cada arquivo e explicação de seu funcionamento.
5. Testes cobrindo os componentes.
6. Disponibilização do projeto completo para download em meu GitHub: https://github.com/kadusjc/react-e-commerce

Instalação e configuração do ambiente

Antes de começar, é necessário ter o **Node.js** instalado na sua máquina. Caso ainda não tenha, você pode baixá-lo em **https://nodejs.org**. Para o projeto, estamos utilizando a versão 14.21.1 do **Node.js**

Após a instalação do **Node.js**, abra o terminal e execute o seguinte comando para criar um novo projeto React:

```
npx create-react-app react-e-commerce
```

Neste projeto, vamos utilizar o **Bootstrap** com **React JS**. Para isso, instale a dependência (atente à versão 4.6.0 que usaremos aqui):

```
npm install react-bootstrap bootstrap
```

Deve-se instalar a dependência de roteamento do React:

```
npm install react-router-dom
```

E a dependência do Redux:

```
npm install redux react-redux
```

Vamos utilizar mais duas bibliotecas utilitárias (moment e lodash)

```
npm i lodash    && npm i moment
```

Finalmente, para não deixar o nosso app 100% Front-End, vamos adicionar o axios:

```
npm i axios
```

Enfeitaremos nossos botões com ícones:

```
npm install react-bootstrap-icons
```

Precisaremos do toolkit do Redux em nosso projeto:

```
npm install @reduxjs/toolkit
```

Como passo final, vamos subir a aplicação em nosso ambiente local:

```
cd react-e-commerce
npm start
```

Se a criação foi bem-sucedida, ao abrir o navegador e acessar o endereço http://localhost:3000, deve-se visualizar a tela abaixo:

Estrutura do projeto

Para esse desenvolvimento, estamos usando o *Visual Studio Code*. Link para download: https://code.visualstudio.com/.

Abra a pasta do projeto react-e-commerce no *Visual Studio Code* para começarmos.

Devem ser criados os diretórios (as pastas) conforme a imagem abaixo. Os componentes serão criados e explicados passo a passo:

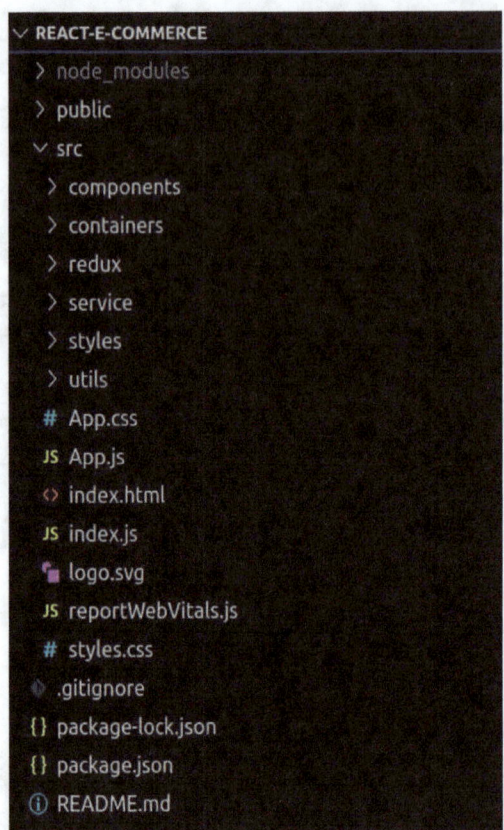

Componentes Actions

Vamos começar criando os arquivos utilizados pelas `Actions` do Redux. Os arquivos apresentados a seguir devem ser criados dentro da pasta `/src/redux/actions`.

Type

Iniciaremos pelo arquivo de constantes com os tipos de ações que iremos utilizar. Crie um arquivo com nome `type.js` com o seguinte conteúdo:

```
export const ADD_TO_CART = "ADD_TO_CART";
export const REMOVE_FROM_CART = "REMOVE_FROM_CART";
export const SET_USER = "SET_USER";
export const CLEAR_USER = "CLEAR_USER";
export const FETCH_PRODUCTS = "FETCH_PRODUCTS";

export const PRODUCT_LIST = [
    {
        id: 1,
        qty: 1,
        price: 89.9,
        name: "Space Cowboys",
        description: "Camisa com estampa da astronauta.
Diversos tamanhos e cores",
        url:
"https://www.colab55.com/@kadu00shirts/tees/cowboys-do-
espaco",
        image:

"https://cdn.colab55.com/images/55004/studio/200639/art/43
1848/tees.png",
    },

    {
        id: 2,
        qty: 1,
        price: 89.9,
        name: "Zombie Apocalipse",
        description:
            "Camisa com estampa de uma cidade destruída
por um apocalipse zumbi. Diversos tamanhos e cores",
        url:
"https://www.colab55.com/@kadu00shirts/tees/zombie-
apocalypse",
        image:

"https://cdn.colab55.com/images/55005/studio/200639/art/44
0848/tees.png",
    },

    {
```

```
      id: 3,
      qty: 1,
      price: 89.9,
      name: "Praia",
      description:
            "Camisa com estampa de \"Don't Worry, Go to
the. Diversos tamanhos e cores",
      url:
"https://www.colab55.com/@kadu00shirts/tees/praia",
      image:

"https://cdn.colab55.com/images/55005/studio/200639/art/43
2324/tees.png",
    },

    {
      id: 4,
      qty: 1,
      price: 89.9,
      name: "Ubuntu",
      description:
            "Camisa com Logo do Sistema Linux Ubuntu.
Diversos tamanhos e cores",
      url:
"https://www.colab55.com/@kadu00shirts/tees/ubuntu",
      image:

"https://cdn.colab55.com/images/55002/studio/200639/art/42
8387/tees.png",
    },

    {
      id: 5,
      qty: 1,
      price: 89.9,
      name: "Atari Gamer Since 1979",
      description:
            "Camisa com joystick e data de lançamento do
Atari 2600. Diversos tamanhos e cores",
      url:
"https://www.colab55.com/@kadu00shirts/tees/gamer-since",
```

```
        image:

"https://cdn.colab55.com/images/55003/studio/200639/art/42
4565/tees.png",
    },

    {

        id: 6,
        qty: 1,
        price: 89.9,
        name: "Jumbo Eletro",
        description:
            "Camisa com logo da antiga loja do Jumbo
Eletro que mostra o quão velho você está. Diversos
tamanhos e cores",
        url:
"https://www.colab55.com/@kadu00shirts/tees/jumbo-eletro",
        image:

"https://cdn.colab55.com/images/55003/studio/200639/art/42
6475/tees.png",
    },

    {

        id: 7,
        qty: 1,
        price: 89.9,
        name: "Cidade Perdida de Atlantis",
        description:
            "Camisa com uma arte da antiga cidade perdida
de Atlantida embaixo do oceano. Diversos tamanhos e
cores",
        url:
"https://www.colab55.com/@kadu00shirts/tees/the-lost-city-
of-atlantis",
        image:

"https://cdn.colab55.com/images/55005/studio/200639/art/43
1895/tees.png",
    },
```

```
{
    id: 8,
    qty: 1,
    price: 89.9,
    name: "Dragon Ball - Majin Vegeta",
    description:
        "Camisa com o rosto do Vegeta Super Sayajin
transformado em Majin Vegeta. Diversos tamanhos e cores",
    url:
"https://www.colab55.com/@kadu00shirts/tees/majin-vegeta",
    image:

"https://cdn.colab55.com/images/55004/studio/200639/art/43
3961/tees.png",
},

{
    id: 9,
    qty: 1,
    price: 89.9,
    name: "Camisa Medusa",
    description:
        'Camisa com o rosto de uma medusa linda com a
frase "I m in Love with Medusa". Diversos tamanhos e
cores',
    url:
"https://www.colab55.com/@kadu00shirts/tees/in-love-with-
medusa",
    image:

"https://cdn.colab55.com/images/55004/studio/200639/art/43
1905/tees.png",
},

{
    id: 10,
    qty: 1,
    price: 89.9,
    name: "Camisa Índio",
    description:
```

```
        "Camisa com arte de um grupo de índios juntos
à fogueira. Diversos tamanhos e cores",
        url:
"https://www.colab55.com/@kadu00shirts/tees/indian",
        image:

"https://cdn.colab55.com/images/55002/studio/200639/art/43
1969/tees.png",
    },

    {

        id: 11,
        qty: 1,
        price: 89.9,
        name: "Empoderamento Feminino",
        description:
            'Camisa com a silhueta de uma mulher com a
frase "Girl Power" com corações e borboletas. Diversos
tamanhos e cores',
        url:
"https://www.colab55.com/@kadu00shirts/tees/girl-power",
        image:

"https://cdn.colab55.com/images/55003/studio/200639/art/42
7506/tees.png",
    },

    {

        id: 12,
        qty: 1,
        price: 89.9,
        name: "Gameboy Gamer Since 1989",
        description:
            "Camisa com um Nintendo Gameboy e sua data de
lançamento. Diversos tamanhos e cores",
        url:
"https://www.colab55.com/@kadu00shirts/tees/gamer-since-
1989-gameboy",
        image:
```

```
"https://cdn.colab55.com/images/55005/studio/200639/art/42
4800/tees.png",
    },
];
```

Este arquivo pode ser acessado através do link:

https://github.com/kadusjc/react-e-
commerce/blob/main/src/redux/actions/types.js

Cart Action

A primeira action será a ação responsável por adicionar e remover produtos do nosso carrinho de compras. Crie um arquivo chamado cartActions.js e insira o código a seguir:

```
import { ADD_TO_CART, REMOVE_FROM_CART } from "./types";

export const addToCart = (product) => ({
    type: ADD_TO_CART,
    payload: product,
});

export const removeFromCart = (productId) => ({
    type: REMOVE_FROM_CART,
    payload: productId,
});
```

Este arquivo pode ser acessado através do link:

https://github.com/kadusjc/react-e-
commerce/blob/main/src/redux/actions/cartActions.js

Product Action

A segunda action é a responsável por carregar nossa lista de produtos. Nesse exemplo, nossa lista será estática e virá de um arquivo JSON. Em um projeto real, essa lista seria carregada através de um endpoint. Crie um novo arquivo com nome productActions.js com o código abaixo:

```
import { FETCH_PRODUCTS } from "./types";

export const fetchProducts = () => ({
    type: FETCH_PRODUCTS,
    payload: products,
});
```

Este arquivo pode ser acessado através do link:

https://github.com/kadusjc/react-e-commerce/blob/main/src/redux/actions/productActions.js

User Action

A terceira e última action que criaremos será responsável por setar o usuário na nossa sessão e removê-lo de lá. Crie um arquivo chamado userActions.js com o código a seguir:

```
import { SET_USER, CLEAR_USER } from "./types";

export const setUser = (user) => {
    return {
        type: SET_USER,
        payload: user,
    };
};
```

```
export const clearUser = () => {
    return {
        type: CLEAR_USER,
    };
};
```

Este arquivo pode ser acessado através do link:

https://github.com/kadusjc/react-e-
commerce/blob/main/src/redux/actions/userActions.js

Componentes Reducers

Com as actions criadas, vamos começar a criação de nossos reducers. Os arquivos a seguir devem ser criados dentro da pasta `/src/redux/reducers`.

Index

O primeiro arquivo é utilizado para dizer ao nosso projeto React quais reducers serão utilizados. É um arquivo que declara e combina todos eles.

Crie um arquivo `index.js` com o seguinte código:

```
import { combineReducers } from "redux";
import cartReducer from "./cartReducer";
import userReducer from "./userReducer";
import productReducer from "./productReducer";

const rootReducer = combineReducers({
    cart: cartReducer,
    user: userReducer,
    products: productReducer,
});

export default rootReducer;
```

Este arquivo pode ser acessado através do link:

https://github.com/kadusjc/react-e-commerce/blob/main/src/redux/reducers/index.js

Cart Reducer

Vamos começar pelo nosso principal reducer, cartReducer. Crie um arquivo com nome cartReducer.js e insira neste arquivo o código abaixo:

```js
import _ from "lodash";
import { ADD_TO_CART, REMOVE_FROM_CART } from
"../actions/types";

const initialState = {
    cartItems: [],
};

const cartReducer = (state = initialState, action) => {
    switch (action.type) {
        case ADD_TO_CART: {
            return addToCart(state, action);
        }
        case REMOVE_FROM_CART:
            return removeFromCart(state, action);

        default:
            return state;
    }
};

function addToCart(state, action) {
    let stateCartItems = [...state.cartItems];
    let payload = { ...action.payload };
    let isProductAlreadyInCart = _.filter(state.cartItems,
{
        id: action.payload.id,
```

```
    });
    let filterSize = isProductAlreadyInCart.length;

    let productAlreadyInCart =
isProductAlreadyInCart[filterSize - 1];
    if (productAlreadyInCart) {
        payload = { ...action.payload, qty:
productAlreadyInCart.qty + 1 };
        _.remove(
            stateCartItems,
            (item) =>
                item.id === action.payload.id &&
                item.qty !== productAlreadyInCart.qty + 1
        );
    }
    return { cartItems: [...stateCartItems, payload] };
}


function removeFromCart(state, action) {
    let stateCartItems = [...state.cartItems];
    _.remove(stateCartItems, (item) => item.id ===
action.payload);
    return { ...state, cartItems: stateCartItems };
}

export default cartReducer;
```

Este arquivo pode ser acessado através do link:

https://github.com/kadusjc/react-e-commerce/blob/main/src/redux/reducers/cartReducer.js

Vamos à explicação de como esse reducer funciona. Ele possui dois métodos declarados: addToCart e removeFromCart. Como o nome já diz, um adiciona o produto à lista de itens do carrinho de compras e o outro remove o produto do carrinho de compras.

AddToCart

Este método recebe como parâmetro dois objetos: um representando o estado e outro representando a ação do reducer. Para facilitar a implementação do algoritmo, utilizamos a biblioteca utilitária Javascript `lodash` `(https://lodash.com/)`, mais especificamente o método `filter`.

O método `filter` pesquisa em uma lista de JSON um objeto específico por um dos campos, no nosso caso o ID. Em suma, verificamos se nossa lista de produtos que está dentro do carrinho contém ou não o produto que estamos tentando inserir. Se já contém, removemos o produto usando `remove`, que é outro método do `lodash`. Esse método remove um objeto de uma lista de JSON procurando-o através de um campo específico que, novamente, é o ID.

Se o produto não for encontrado dentro do carrinho, apenas o adicionamos à lista de objetos dentro do carrinho.

RemoveFromCart

Esse método recebe como parâmetro dois objetos: um representando o estado e outro representando a ação do reducer. Novamente, utilizamos o método `remove` do `lodash`. O método `removeFromCart` é mais simples: ele utiliza o método `remove` para pesquisar o produto pelo ID dentro da lista de itens do carrinho. Se encontrar o produto, ele é removido da lista.

Product Reducer

Crie um arquivo com nome `productReducer.js` e insira neste arquivo o código abaixo:

```
import { FETCH_PRODUCTS, PRODUCT_LIST } from
"../actions/types";
```

```
const initialState = {
    products: PRODUCT_LIST,
};

const productReducer = (state = initialState, action) => {
    switch (action.type) {
        case FETCH_PRODUCTS:
            return {
                ...state,
                products: action.payload,
            };

        default:
            return state;
    }
};

export default productReducer;
```

Este arquivo pode ser acessado através do link:

https://github.com/kadusjc/react-e-commerce/blob/main/src/redux/reducers/productReducer.js

Este componente é bem simples: aqui se define toda a lista estática de produtos como estado inicial do reducer. Esta lista foi declarada dentro do arquivo types.js. Isso é feito quando o reducer "escuta" a action FETCH_PRODUCTS.

User Reducer

Crie um arquivo com nome userReducer.js e insira neste arquivo o código abaixo:

```
import { SET_USER, CLEAR_USER } from "../actions/types";
```

```javascript
const initialState = {
    user: null,
};

const userReducer = (state = initialState, action) => {
    switch (action.type) {
        case SET_USER:
            return {
                ...state,
                user: action.payload,
            };
        case CLEAR_USER:
            return {
                ...state,
                user: null,
            };
        default:
            return state;
    }
};

export default userReducer;
```

Este arquivo pode ser acessado através do link:

https://github.com/kadusjc/react-e-commerce/blob/main/src/redux/reducers/userReducer.js

Este reducer implementa duas actions do usuário:

- SET_USER: chamada para salvar os dados do usuário logado.
- CLEAR_USER: chamada quando o usuário faz o logoff. Este método apaga o usuário da memória.

Esse foi o último dos reducers. Vamos iniciar agora a criação da store.

Store

A store funciona como a memória de nossos reducers. É aqui que declaramos ao redux todos nossos reducers e claro, a store. Suba um nível em nossa estrutura de arquivos /src/redux criando um arquivo store.js dentro da pasta redux:

```
import { Provider } from "react-redux";
import allReducers from "./reducers";
import { configureStore } from "@reduxjs/toolkit";

const store = configureStore({ reducer: allReducers });

store.subscribe(() => console.log("store foi modificada",
store.getState()));

const ReduxProvider = ({ children }) => (
    <Provider store={store}>{children}</Provider>
);

export default ReduxProvider;
```

Este arquivo pode ser acessado através do link:

https://github.com/kadusjc/react-e-commerce/blob/main/src/redux/store.js

Pronto, agora vamos iniciar com a criação de todos os nossos componentes.

Componentes

Os componentes a seguir devem ser criados dentro da pasta /src/components

AddToCartButton

Vamos iniciar pelo componente principal de nosso projeto. Este botão será responsável por adicionar os produtos em nosso carrinho de compras. Já vamos começar a utilizar os ícones do Bootstrap e classes de estilo para deixá-lo mais atrativo.

Crie um arquivo chamado AddToCartButton.js com o seguinte código:

```js
import React from "react";
import { Button } from "react-bootstrap";
import { useSelector, useDispatch } from "react-redux";
import { useNavigate } from "react-router-dom";

import { addToCart } from "../redux/actions/cartActions";
import { CartPlusFill } from "react-bootstrap-icons";

const AddToCartButton = ({ product }) => {
    const userProfile = useSelector((state) =>
state.user.user);
    const dispatch = useDispatch();
    const navigate = useNavigate();

    const handleAddToCart = (product) => {
        dispatch(addToCart(product));
        navigate("/cart");
    };

    return (
        <>
            {userProfile && userProfile.name && (
                <Button
                    style={{ margin: "2px" }}
                    variant="secondary"
                    onClick={() =>
handleAddToCart(product)}
                >
                    <CartPlusFill />
                     Adic. Carrinho
```

```
            </Button>
        )}
    </>
  );
};
```

```
export default AddToCartButton;
```

Este arquivo pode ser acessado através do link:

`https://github.com/kadusjc/react-e-`
`commerce/blob/main/src/components/AddToCartButton.js`

O componente acima é bem simples: trata-se de um botão do bootstrap com um ícone do `bootstrap (<CartPlusFill/>)` que, ao ser clicado, dispara a action `addToCart` para o respectivo reducer, neste caso o nosso `cartReducer.js`

No início do código, usamos o método `useSelector` do redux para obter o usuário que fez login em nosso e-commerce. Armazenamos nosso usuário na constante `userProfile`. Isso é feito para utilizarmos a renderização parcial de conteúdo do componente para exibir (ou esconder) o botão "Adic. Carrinho". Isso é feito através do código:

`{userProfile && userProfile.name &&`

Repare que no método `handleAddToCart`, usamos o método de navegação `navigate` para levar o usuário nossa página `/cart`. Não se preocupe: as configurações de navegação serão demonstradas após a criação de todos os nossos componentes.

Um aspecto importante de se notar é que utilizamos um truque de sintaxe para evitar um erro no React JS. Todo componente deve ter um componente pai. Repare que nosso `Button` não tem exatamente um componente Pai, mas sim um pai vazio (`<>` e `</>`).

CartItem

Este componente é o responsável por exibir os itens dentro do nosso carrinho. Crie um arquivo chamado <mark>CartItem.js</mark> dentro da pasta <mark>components</mark> e cole o código a seguir:

```
import React from "react";
import { ListGroup, Button } from "react-bootstrap";
import { useSelector, useDispatch } from "react-redux";
import { removeFromCart } from
"../redux/actions/cartActions";
import { CartX } from "react-bootstrap-icons";

import "../styles/CartItem.css";

const CartItem = ({ item }) => {
    const cartItems = useSelector((state) =>
state.cart.cartItems);
    const dispatch = useDispatch();

    const handleRemoveFromCart = (productId) => {
        dispatch(removeFromCart(productId));
    };

    return (
        <div>
            {cartItems.length === 0 ? (
                <p>Seu carrinho está Vazio.</p>
            ) : (
                <ListGroup>
                    <ListGroup.Item className="listCard"
key={item.id}>
                        <strong>Nome</strong> {item.name}
- <strong>Preço</strong> $
                        {item.price} - <strong>Qtd
</strong>
                        {item.qty}  
                        <Button
                            variant="danger"
                            style={{ margin: "10px" }}
```

```
                        onClick={() =>
handleRemoveFromCart(item.id)}
                >
                        <CartX />
                         Remover 
                </Button>
            </ListGroup.Item>
        </ListGroup>
    )}
</div>
);
};
```

export default CartItem;

Este arquivo pode ser acessado através do link:

https://github.com/kadusjc/react-e-commerce/blob/main/src/components/CartItem.js

Logo no início deste componente, importamos o estado do nosso carrinho através do useSelector. Armazenamos os itens do carrinho dentro da constante cartItems.

Definimos o método handleRemoveFromCart, pois nesse componente existe um botão que permite ao usuário remover um item específico do carrinho. Novamente, utilizamos o método useDispatch para enviar a action removeFromCart para o cartReducer.

Novamente utilizamos a renderização parcial para listar os itens do carrinho, caso exista algum item na lista. Repare na primeira linha do nosso render:

```
{cartItems.length === 0 ? (<p>Seu carrinho está
Vazio.</p>)
```

Se não existem itens, é exibido o parágrafo com o texto "Seu carrinho está vazio".

Caso existam itens no nosso carrinho, utilizamos o componente ListGroup do bootstrap para renderizar nossa lista. Aqui utilizamos um estilo específico para este componente:

```
import "../styles/CartItem.css";
```

Crie um arquivo na pasta /src/styles com o nome CartItem.css e cole o seguinte código dentro dele:

```
.listCard {
    margin: 5px;
    padding: 5px;
}
```

Este arquivo pode ser acessado através do link:

https://github.com/kadusjc/react-e-commerce/blob/main/src/styles/CartItem.css

Crie outro arquivo, chamado Card.css dentro da mesma pasta (/src/styles) e cole o seguinte código dentro dele:

```
.card-small {
    margin: 10px;
    padding: 10px;
    height: 270px;
}

.card-img-top {
    width: 400px;
    height: 400px;
}

.card-details {
    align-items: center;
    width: 400px;
```

}

Este arquivo pode ser acessado através do link:

https://github.com/kadusjc/react-e-commerce/blob/main/src/styles/Card.css

Esses arquivos serão utilizados pelos componentes e containers para melhorar o visual da nossa aplicação.

ProductItem

Crie um arquivo na pasta components chamado ProductItem.js e cole o código a seguir:

```
import React from "react";
import { Link } from "react-router-dom";
import { Card, Button } from "react-bootstrap";

import "../styles/Card.css";
import AddToCartButton from "./AddToCartButton";

const ProductItem = ({ product }) => {
    return (
        <Card className="card-small" style={{ width:
"20rem" }}>
            <Card.Body>
                <Card.Title> Id:
{product.id}</Card.Title>

<Card.Title> {product.name}</Card.Title>

<Card.Text> {product.description}</Card.Text>
                <Link to={`/produtos/${product.id}`}>
                    <Button style={{ margin: "2px" }}
variant="primary">
                        Detalhes
                    </Button>
```

```
        </Link>
        <AddToCartButton product={product} />
      </Card.Body>
    </Card>
  );
};

export default ProductItem;
```

Este arquivo pode ser acessado através d o link:

https://github.com/kadusjc/react-e-commerce/blob/main/src/components/ProductItem.js

Este componente é utilizado para exibir os dados (detalhes) de um determinado produto. O produto em questão é recebido pelo parâmetro "product" do elemento <ProductItem>. Repare que aqui utilizamos os componentes <Card> e <Button> da biblioteca bootstrap para usar seu estilo.

Logo abaixo dos dados do produto, temos o uso do componente AddToCartButton que exibe o botão de "Adicionar o Produto ao Carrinho".

Algo interessante a ser observado aqui é que passamos o mesmo product recebido para o elemento AddToCartButton. E que temos um link no botão "Detalhes". Este link carrega uma rota, passando o id do produto em questão para o componente que responde a esta rota, no caso o componente ProductDetails.js, que será apresentado e descrito mais à frente.

NavBar

Utilizaremos os componentes NavBar e Nav do bootstrap para criar a barra de navegação, o menu de nosso e-commerce. Crie um arquivo Navbar.js dentro da pasta src/components com o seguinte conteúdo:

```jsx
import React from "react";
import { Navbar, Nav } from "react-bootstrap";
import { Link } from "react-router-dom";

import {
    Cart,
    FileLock2Fill,
    Gift,
    DoorClosed,
    PersonFill,
} from "react-bootstrap-icons";

import "../styles/NavBar.css";

const NavBar = ({ userData, quotation }) => {
    return (
        <Navbar bg="light" expand="lg" align="center">
            <Navbar.Brand as={Link} to="/">
                Loja React Bootstrap
            </Navbar.Brand>
            <Navbar.Toggle aria-controls="basic-navbar-
nav" />
            <Navbar.Collapse id="basic-navbar-nav">
                <Nav className="ml-auto">
                    <Nav.Link as={Link} to="/">
                        <DoorClosed />
                         Home 
                    </Nav.Link>
                    <Nav.Link as={Link} to="/produtos">
                        <Gift />
                         Produtos 
                    </Nav.Link>
                    {userData && userData.name && (
                        <Nav.Link as={Link} to="/cart">
                            <Cart />
                             Carrinho 
                        </Nav.Link>
                    )}
                    <Nav.Link as={Link} to="/login">
                        <PersonFill />
                         Login 
```

```
                        </Nav.Link>
                        {userData && userData.name && (
                            <Nav.Link as={Link}
to="/userProfile">
                                <FileLock2Fill />
                                 Perfil do Usuário  
                            </Nav.Link>
                        )}
                    </Nav>
                    {quotation && (
                        <span className="currency">
                            <strong>Dólar: </strong> R${" "}
                            {quotation && quotation.USDBRL &&
quotation.USDBRL.high}  {" "}
                            <strong>Euro:</strong> R${" "}
                            {quotation && quotation.EURBRL &&
quotation.EURBRL.high}
                        </span>
                    )}
                       {" "}
                    <strong>Livro Guia Definitivo para
desenvolvedores Front-End</strong>
                </Navbar.Collapse>
            </Navbar>
        );
};

export default NavBar;
```

Este arquivo pode ser acessado através do link:

https://github.com/kadusjc/react-e-commerce/blob/main/src/components/Navbar.js

Iniciaremos pela criação do arquivo de estilos que este componente utiliza. Crie um arquivo chamado NavBar.css dentro da pasta src/styles/ com o seguinte conteúdo:

```
.navbar {
```

```css
  margin: 10px;
  padding: 10px;
  font-weight: bold;
  height: 64px;
  width: 100%;
  align-items: center;
}


.currency {
  font-size: 12px;
  color: darkgreen;
  padding-left: 100px;
  padding-right: 100px;
}
```

Este arquivo pode ser acessado através do link:

https://github.com/kadusjc/react-e-commerce/blob/main/src/styles/NavBar.css

Este componente é nosso menu. Ele recebe um objeto "quotation" e outro "userData". O quotation será o resultado de uma consulta a uma API externa de cotação monetária que iremos consumir e detalhar mais à frente, enquanto o userData contém os dados do usuário logado.

A única característica diferente neste componente são as renderizações condicionais que temos para exibir os links: Carrinho e Perfil do Usuário. Eles dependem dos objetos recebidos como parâmetros deste componente.

Existe também a exibição do conteúdo atual das cotações de dólar e euro recebidas pelo objeto quotation. Repare que utilizamos diversos ícones encontrados no bootstrap para decorarmos nossos itens de menu.

Este arquivo possui vários links para várias rotas diferentes; então, vamos definir nosso arquivo de configuração de rotas. Abra o arquivo (ou o crie, caso não exista) App.js que fica na raiz, dentro da pasta src.

App

Este é o principal (e inicial) componente do React. Nele declara-se e configura-se todo o nosso projeto, incluindo as rotas de navegação. Abra o App.js, apague qualquer conteúdo existente e o substitua pelo código abaixo:

```
import React, { useEffect, useState } from "react";
import { BrowserRouter as Router, Route, Routes } from
"react-router-dom";
import { Alert } from "react-bootstrap";

import Navbar from "./components/Navbar";
import Home from "./containers/Home";
import Cart from "./containers/Cart";
import Login from "./containers/Login";
import ProductList from "./containers/ProductList";
import ProductDetails from "./containers/ProductDetails";
import NotFound from "./containers/NotFound";

import { useSelector, useDispatch } from "react-redux";
import { setUser } from "./redux/actions/userActions";
import UserProfile from "./containers/UserProfile";
import QuotationApi from "./service/quotation-api";

const App = () => {
    const [quotation, setQuotation] = useState();
    const user = useSelector((state) => state.user.user);
    const dispatch = useDispatch();

    useEffect(() => {
        QuotationApi.get("/")
            .then((response) =>
setQuotation(response.data))
            .catch((err) => {
                console.error(
                    "Ocorreu um erro ao consumir a API de
cotação de moedas: " + err
                );
```

```
            });
    }, []);

    const doLogin = (data) => {
        dispatch(setUser(data));
    };

    return (
        <Router>
            <div>
                {user && user.name && (
                    <Alert key="success"
variant="success">
                            Você está logado na loja. Agora
pode acessar o menu "Perfil do
                            Usuário" e "Adicionar Produtos ao
Carrinho".
                    </Alert>
                )}

                {!user && (
                    <Alert key="warning"
variant="warning">
                            Faça o seu Login primeiro
                    </Alert>
                )}
                <Navbar userData={{ ...user }}
quotation={{ ...quotation }} />
                <div className="container">
                    <div className="row">
                        <div>
                            <Routes>
                                <Route path="/"
element={<Home />} />
                                <Route path="/userProfile"
element={<UserProfile />} />
                                <Route path="/cart"
element={<Cart />} />
                                <Route path="/login"
element={<Login onLogin={doLogin} />} />
```

```
                                    <Route path="/produtos"
element={<ProductList />} />
                                    <Route

path="/produtos/:productId"

element={<ProductDetails />}
                                    />
                                    <Route path="*"
element={<NotFound />} />
                                 </Routes>
                              </div>
                           </div>
                        </div>
                     </div>
                  </Router>
        );
};

export default App;
```

Este arquivo pode ser acessado através do link:

https://github.com/kadusjc/react-e-
commerce/blob/main/src/App.js

Esse arquivo, como dito, define todas as rotas e cada um dos componentes responsáveis por cada uma. Percebe-se também que ele apresenta algumas renderizações parciais que verificam se o usuário está ou não "logado" em nosso e-commerce.

Utilizamos o método useEffect para fazer uma requisição a uma simples API que traz a cotação das moedas no dia de hoje. Esta lógica está encapsulada no serviço QuotationApi. Uma requisição GET é realizada para esta API e os resultados são armazenados no objeto quotatio pelo método setQuotation. Repare que usamos o método .catch para tratar erro, caso haja algum problema na resposta da API. Repare o bloco de código em destaque:

```
useEffect(() => {
    QuotationApi.get("/")
        .then((response) => setQuotation(response.data))
        .catch((err) => {
            console.error(
                "Ocorreu um erro ao consumir a API de
cotação de moedas: " + err
            );
        });
}, []);
```

Na declaração das rotas, repare que para cada elemento Route, temos um path e um element. No atributo path declaramos qual URL do navegador responderá com qual componente (declarado no element).

```
<Routes>
    <Route path="/" element={<Home />} />
    <Route path="/userProfile" element={<UserProfile />}
/>
    <Route path="/cart" element={<Cart />} />
    <Route path="/login" element={<Login onLogin={doLogin}
/>} />
    <Route path="/produtos" element={<ProductList />} />
    <Route path="/produtos/:productId"
element={<ProductDetails />} />
    <Route path="*" element={<NotFound />} />
</Routes>;
```

Repare que existe uma rota declarada com o path=* e element=<NotFound>. Esta declaração funciona da seguinte maneira: caso o usuário acesse uma rota no navegador (path) que seja qualquer um diferente de todos declarados aqui, ele será redirecionado para uma página de "Não Encontrado". Esta página renderiza o conteúdo do componente NotFound. Outro detalhe importante é a url que aponta para o container ProductDetails. Observe que a rota é diferente das demais "produtos/:productId". O :productId é chamado de parâmetro de rota. Utilizamos isso para passar uma variável na chamada da rota por exemplo: `produtos/1` ou `produtos/100`. O container responsável vai usar o valor passado (1, 100) como uma variável.

Utilizaremos isso para carregar o produto diretamente pelo id especificado na rota.

Para finalizar a declaração do `App.js`, precisamos alterar o arquivo `index.html`. Abra este arquivo, apague todo o conteúdo e substitua pelo código abaixo:

```html
<!DOCTYPE html>
<html lang="en">
    <head>
        <meta charset="utf-8" />
        <meta name="viewport" content="width=device-width,
initial-scale=1" />
        <title>React Bootstrap Store</title>
        <link rel="stylesheet" href="styles.css" />
        <!-- Importação do arquivo styles.css -->
    </head>
    <body>
        <div id="root"></div>
    </body>
</html>
```

Este arquivo pode ser acessado através do link:

`https://github.com/kadusjc/react-e-commerce/blob/main/src/index.html`

Esse html não passa de um arquivo comum. O principal detalhe nesse arquivo é a importação do estilo principal do projeto e uma `div` com o `id=root`. Esse `id=root` é o id que o React irá procurar para renderizar o componente `App.js`.

Renomeie o arquivo `index.css` para `styles.css`. O `index.css` está na raiz do projeto (próximo ao `index.html`). Apague seu conteúdo e cole este:

```css
/* styles.css */

/* Estilos personalizados */
.container {
    margin-top: 20px;
}

.active {
    font-weight: bold;
}

/* Estilos para o modal */
#modal-root {
    position: fixed;
    top: 0;
    left: 0;
    width: 100%;
    height: 100%;
    display: flex;
    justify-content: center;
    align-items: center;
    background-color: rgba(0, 0, 0, 0.5);
}

/* Estilos para a página 404 */
.alert {
    margin-top: 20px;
}
```

Este arquivo pode ser acessado através do link:

https://github.com/kadusjc/react-e-commerce/blob/main/src/styles.css

Abra o arquivo App.css, apague seu conteúdo e substitua por este:

```css
.App {
    text-align: center;
}
```

```css
.App-logo {
    height: 40vmin;
    pointer-events: none;
}

@media (prefers-reduced-motion: no-preference) {
    .App-logo {
        animation: App-logo-spin infinite 20s linear;
    }
}

.App-header {
    background-color: #282c34;
    min-height: 100vh;
    display: flex;
    flex-direction: column;
    align-items: center;
    justify-content: center;
    font-size: calc(10px + 2vmin);
    color: white;
}

.App-link {
    color: #61dafb;
}

@keyframes App-logo-spin {
    from {
        transform: rotate(0deg);
    }

    to {
        transform: rotate(360deg);
    }
}

.container {
    margin-top: 20px;
}
```

```css
.active {
    font-weight: bold;
}

/* Estilos para o modal */
#modal-root {
    position: fixed;
    top: 0;
    left: 0;
    width: 100%;
    height: 100%;
    display: flex;
    justify-content: center;
    align-items: center;
    background-color: rgba(0, 0, 0, 0.5);
}

/* Estilos para a página 404 */
.alert {
    margin-top: 20px;
}
```

Este arquivo pode ser acessado através do link:

https://github.com/kadusjc/react-e-commerce/blob/main/src/App.css

Falta o último e principal arquivo que irá amarrar tudo relativo ao index.html e ao App.js. Abra o arquivo index.js e substitua seu conteúdo pelo código abaixo:

```javascript
import React from "react";
import "bootstrap/dist/css/bootstrap.min.css";
import ReactDOM from "react-dom";
import ReduxProvider from "./redux/store";
import App from "./App";

ReactDOM.render(
    <ReduxProvider>
```

```
    <App />
  </ReduxProvider>,
  document.getElementById("root")
);
```

Este arquivo pode ser acessado através do link:

https://github.com/kadusjc/react-e-
commerce/blob/main/src/index.js

O grande detalhe aqui são as importações dos nossos stores do redux, o App e a declaração do elemento div principal do html root.

Antes de prosseguirmos, vamos dar uma olhada rapidamente no serviço quotation-api. Crie uma pasta dentro de src chamada services (src/services) e crie um arquivo chamado quotation-api.js com o seguinte conteúdo:

```
import axios from "axios";

const QuotationApi = axios.create({
    baseURL: "https://economia.awesomeapi.com.br/last/USD-
BRL,EUR-BRL",
});

export default QuotationApi;
```

Este arquivo pode ser acessado através do link:

https://github.com/kadusjc/react-e-
commerce/blob/main/src/service/quotation-api.js

Utilizamos o axios.create para criar uma API em cima de nossa URL. Neste simples exemplo, o único serviço de nossa API será um GET na URL.

Vamos iniciar a criação de todos nossos containers, que são os componentes que renderizam as páginas html (os que declaramos como atributo "element" em cada um dos elementos Route) com a ajuda dos componentes. Crie uma pasta chamada containers, dentro da pasta src, e mãos à obra.

Containers

Os containers a seguir devem ser criados dentro da pasta /src/containers

Cart.js

Esse container é o responsável pela exibição da página do nosso carrinho de compras, que traz e exibe a lista dos itens selecionados (adicionados ao carrinho). Crie um arquivo Cart.js e copie e cole o seguinte código:

```
import React from "react";
import { useSelector } from "react-redux";

import CartItem from "../components/CartItem";

const Cart = () => {
  const cartItems = useSelector((state) =>
state.cart.cartItems);

  return (
    <div>
      <h1>Carrinho de Compras</h1>
      {cartItems.length === 0 ? (
        <p> O carrinho está vazio.</p>
      ) : (
        cartItems.map((item) => <CartItem
key={item.id} item={item} />)
      )}
    </div>
```

```
    );
};
```

export default Cart;

Este arquivo pode ser acessado através do link:

https://github.com/kadusjc/react-e-commerce/blob/main/src/containers/Cart.js

Repare que utilizamos o método `useSelector` para obtermos os dados do `store` de nosso componente carrinho e exibi-lo na tela. Temos uma renderização parcial que verifica se a nossa lista de produtos está vazia ou se contém produtos. Caso esteja vazia, o seguinte texto é exibido: "O carrinho está vazio". Caso contrário, para cada produto, renderizamos o componente `CartItem`, já explicado na seção *Componentes*.

Home.js

Esse container é o responsável pela exibição de nossa página Home. É a primeira página que é exibida assim que o usuário abrir nosso e-commerce. Crie um arquivo `Home.js` e copie e cole o seguinte código:

```
import React from "react";
import { Card } from "react-bootstrap";

const Home = () => {
    return (
        <Card bg="light" text="dark">
            <Card.Body>
                <Card.Title>Seja muito bem-vindo ao React
Bootstrap Store</Card.Title>
                <Card.Text>
                    Este é um exemplo bem simples de uma
loja e-commerce construído com
                    React, Redux e React Bootstrap.
```

```
                    <br />
                    Sinta-se a vontade para explorar
nossos produtos e adicioná-los no
                    carrinho, aprecie sua experiência de
compras.
                    <br />
                    <br />
                    Faça o Login, com qualquer informação,
para começar sua experiência
                </Card.Text>
            </Card.Body>
        </Card>
    );
};

export default Home;
```

Este arquivo pode ser acessado através do link:

`https://github.com/kadusjc/react-e-commerce/blob/main/src/containers/Home.js`

Repare que utilizamos o componente Card do bootstrap para deixarmos a página com um design melhorado. Este container não usa nenhum componente; ele gera um HTML puro com conteúdo estático.

Login.js

Esse container é o responsável pela exibição de nossa página Login. Esta página é exibida quando o usuário clicar no link Login. Crie um arquivo Login.js e copie e cole o seguinte código:

```
import React, { useState } from "react";
import { Form, Button } from "react-bootstrap";

const Login = ({ onLogin }) => {
    const [name, setName] = useState("");
```

```jsx
const [email, setEmail] = useState("");
const [password, setPassword] = useState("");

const handleSubmit = (e) => {
    e.preventDefault();
    // Lógica de autenticação
    onLogin({ name, password, email });
};

return (
    <div>
        <h2>Login</h2>
        <Form onSubmit={handleSubmit}>
            <Form.Group controlId="username">
                <Form.Label>Username</Form.Label>
                <Form.Control
                    className="userName"
                    type="text"
                    placeholder="Enter username"
                    value={name}
                    onChange={(e) =>
setName(e.target.value)}
                />
            </Form.Group>

            <Form.Group controlId="email">
                <Form.Label>E-mail</Form.Label>
                <Form.Control
                    type="text"
                    placeholder="Enter e-mail"
                    value={email}
                    onChange={(e) =>
setEmail(e.target.value)}
                />
            </Form.Group>
            <Form.Group controlId="password">
                <Form.Label>Password</Form.Label>
                <Form.Control
                    type="password"
                    placeholder="Enter password"
                    value={password}
```

```
                onChange={(e) =>
setPassword(e.target.value)}
                />
            </Form.Group>
            <br />
            <Button className="btn" variant="primary"
type="submit">
                Login
            </Button>
        </Form>
    </div>
    );
};


export default Login;
```

Este arquivo pode ser acessado através do link:

https://github.com/kadusjc/react-e-commerce/blob/main/src/containers/Login.js

Esse container é responsável por exibir a tela de login do nosso e-commerce. Inicialmente, declaramos três métodos para armazenar as informações que o usuário digita em nosso formulário de login: setName, setEmail e setPassword. Repare que o nosso método principal se chama handleSubmit. Esse método chama o método onLogin. Este método é declarado e passado por parâmetro na construção do objeto Login. Veja onde o método é inserido na declaração deste container dentro do arquivo App.js:

```
import { useSelector, useDispatch } from "react-redux";
import { setUser } from "./redux/actions/userActions";

const App = () => {
    ... ... .... .. ......
    const dispatch = useDispatch();
    ... ... .... .. ......
```

```
... ... .... .. ......
... ... .... .. ......
const doLogin = (data) => {
    dispatch(setUser(data));
};
};
```

O método simplesmente envia um evento setUser para o redux, que já foi detalhado anteriormente no detalhamento dos reducers.

NotFound.js

O container NotFound é uma simples página de "Não encontrado" para o usuário saber que o conteúdo requisitado não existe no projeto. Crie um arquivo NotFound.js e copie e cole o seguinte código:

```
import React from "react";
import { Container, Alert } from "react-bootstrap";

const NotFound = () => {
    return (
        <Container className="mt-4">
            <Alert variant="danger">
                <Alert.Heading>404 - Rota não
existente</Alert.Heading>
                <p>O endereço requisitado não possui uma
página correspondente.</p>
            </Alert>
        </Container>
    );
};

export default NotFound;
```

Este arquivo pode ser acessado através do link:

`https://github.com/kadusjc/react-e-commerce/blob/main/src/containers/NotFound.js`

Usando as tags do bootstrap, exibimos ao usuário uma página com design elegante dizendo que o endereço requisitado não está mapeado no nosso e-commerce.

ProductDetails.js

O container ProductDetails é a página responsável por exibir ao usuário os detalhes de um determinado produto. Crie um arquivo ProductDetails.js e copie e cole o seguinte código:

```
import React from "react";
import { useSelector } from "react-redux";
import { Card } from "react-bootstrap";
import { useParams } from "react-router-dom";

import AddToCartButton from
"../components/AddToCartButton";

const ProductDetails = () => {
    let product = null;

    const { productId } = useParams();
    const products = useSelector((state) =>
state.products.products);
    if (productId) product = products.find((p) =>
p.id.toString() === productId);

    if (!product) {
        return <div>Produto nao encontrado.</div>;
    }

    return (
        <div align="center">
            <h2>Detalhes do Produto Id {product.id}</h2>
```

```jsx
            <Card className="card-medium card-details"
bg="red">
                <Card.Img variant="top"
src={product.image} />
                <Card.Body>
                    <Card.Title>
                        <Card.Link href={product.url}
target="_blank">
                            {product.name}
                        </Card.Link>
                    </Card.Title>
                    <Card.Text>Descrição:
{product.description}</Card.Text>
                    <Card.Text>Preço:
${product.price}</Card.Text>
                    <AddToCartButton product={product} />
                </Card.Body>
            </Card>
        </div>
    );
};

export default ProductDetails;
```

Este arquivo pode ser acessado através do link:

`https://github.com/kadusjc/react-e-commerce/blob/main/src/containers/ProductDetails.js`

Este container recebe o Id do produto pela URL requisitada pelo cliente. O parâmetro `productId` é recebido na rota e pesquisado dentro da lista de produtos salva no estado do nosso redux. Repare que usamos o `useParams` do `react-router-dom` para termos acesso ao `productId` oriundo da URL. Caso o `productId` não seja encontrado na lista, exibimos ao usuário o texto: "Produto não encontrado".

Caso o produto seja encontrado dentro de nossa lista, utilizamos o componente Card do bootstrap novamente para exibir os detalhes do produto. Existe ainda, no fim da página, o botão AddToCartButton (explicado na seção dos componentes) para permitir ao usuário adicionar esse produto ao carrinho de compras dentro da página de detalhes do produto.

ProductList.js

O container ProductList é a página responsável por exibir ao usuário a lista de nossos produtos. Isso é feito com a ajuda do componente ProductItem. Crie um arquivo ProductList.js e copie e cole o seguinte código:

```
import React from "react";
import ProductItem from "../components/ProductItem";
import { useSelector } from "react-redux";

const ProductList = () => {
    const listaProdutos = useSelector((state) =>
state.products.products);

    return (
        <div>
            <div className="row" align="center">
                <h1>Lista de Produtos</h1>
            </div>
            <div className="row">
                {listaProdutos &&
                    listaProdutos.map((product) => (
                        <React.Fragment key={product.id}>
                            <div className="col-md-3">
                                <ProductItem
product={product} />
                            </div>
                        </React.Fragment>
                    ))}
            </div>
        </div>
    );
```

```
};
```

```
export default ProductList;
```

Este arquivo pode ser acessado através do link:

https://github.com/kadusjc/react-e-commerce/blob/main/src/containers/ProductList.js

O que há de interessante nesse container é um truque do React JS. Repare que utilizamos, na renderização condicional, a tag **React.Fragment**. Esta tag do React é utilizada para agrupar uma lista de filhos sem adicionar nós extras ao DOM. Isso nos permite criar um pedaço, um fragmento, sem precisar declarar uma sequência de tags-pai do React.

UserProfile.js

O container **UserProfile** é a página responsável por exibir os dados do usuário logado. Obtemos o usuário na sessão do Redux e exibimos suas informações na página. Crie um arquivo **UserProfile.js** e copie e cole o seguinte código:

```
import React from "react";
import { Card } from "react-bootstrap";
import { useSelector } from "react-redux";

const UserProfile = () => {
    const userProfile = useSelector((state) =>
state.user.user);

    return (
        <div>
            <h2>Perfil do Usuário Logado</h2>
            {userProfile && userProfile.name ? (
                <Card>
```

```
            <Card.Body>

<Card.Title> Nome</Card.Title>

<Card.Text> {userProfile.name}</Card.Text>
                    <Card.Title> E-
mail</Card.Title>

<Card.Text> {userProfile.email}</Card.Text>
                </Card.Body>
            </Card>
        ) : (
            <p>Usuário ainda não fez login.</p>
        )}
    </div>
  );
};

export default UserProfile;
```

Este arquivo pode ser acessado através do link:

https://github.com/kadusjc/react-e-commerce/blob/main/src/containers/UserProfile.js

Neste ponto, já devemos ter tudo que nossa aplicação necessita para rodar. Então, digite:

```
npm start
```

e acesse a porta localhost:3000. Você deve visualizar nossa página Home:

Repare que o primeiro aviso (criado com alert do bootstrap) já exige que o usuário faça o login.

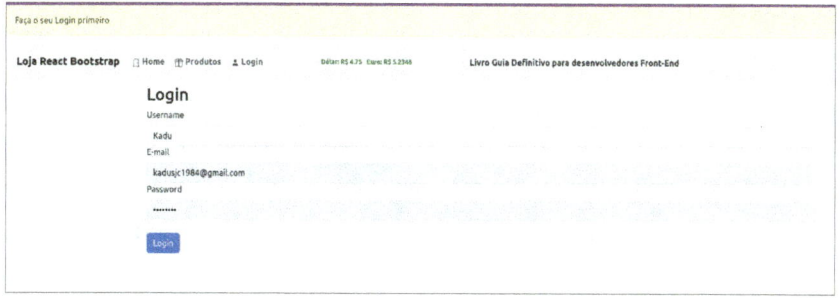

Você pode utilizar qualquer dado para fazer login, uma vez que nossa aplicação não contém um Back-End.

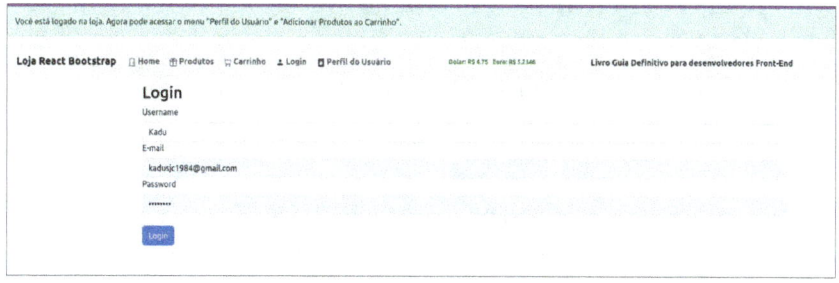

Após o login, o alert fica verde e duas novas opções no menu aparecerão: Login e Perfil do Usuário.

Sinta-se à vontade para navegar nas telas e verificar se todas as funcionalidades estão ok.

Cobertura de testes

Uma vez que temos todos os nossos components, containers, actions, redux etc. prontos, o próximo passo é criar testes para garantir que todos os nossos arquivos funcionem do modo esperado. Vamos iniciar cobrindo os componentes de testes. Volte à pasta `src/components` para começarmos a criação dos arquivos de teste. Para criar mocks e facilitar nossos testes, utilizaremos a biblioteca de testes `sinon.js`. Para obter mais detalhes e informações, acesse: `https://sinonjs.org/`.

Sinon.js

O Sinon é um pacote open-source que fornece diversas funcionalidades (como mocks, spies e stubs) que facilitam os nossos testes no JavaScript. O Sinon por si só não é um framework de testes; ele deve ser utilizado em conjunto com outra ferramenta para execução de testes, como por exemplo o Mocha ou Ava.

De forma bem sucinta, o `sinon.js` nos permite modificar ou substituir a execução de um método por um outro código, verificar se este método foi chamado, quantas vezes isso ocorreu etc.

AddToCartButton.test.js

Crie um arquivo chamado `AddToCartButton.test.js` e cole o código a seguir:

```
import React from "react";
import { render, fireEvent } from "@testing-library/react";
import configureMockStore from "redux-mock-store";
import { Provider } from "react-redux";
import { BrowserRouter } from "react-router-dom";

import AddToCartButton from "./AddToCartButton";
```

```
const mockStore = configureMockStore([]);
const mockProduct = { id: 1, name: "Example Product",
price: 10.99, qty: 2 };

describe("AddToCartButton", () => {
    let store;

    beforeEach(() => {
        store = mockStore({ user: { user: {} } });
    });

    it("should NOT display the Add to Cart Button if user
is NOT logged", () => {
        const { container } = render(
            <Provider store={store}>
                <BrowserRouter>
                    <AddToCartButton product={mockProduct}
/>
                </BrowserRouter>
            </Provider>
        );

        expect(container.textContent).toBe("");
    });

    it("should render the Add to Cart Button just if user
is logged", () => {
        store = mockStore({
            user: {
                user: { name: "Carlos E. F Correa", email:
"kadusjc1984@gmail.com" },
            },
        });

        const { container } = render(
            <Provider store={store}>
                <BrowserRouter>
                    <AddToCartButton product={mockProduct}
/>
                </BrowserRouter>
            </Provider>
```

```
    );

    expect(container.textContent).toBe(" Adic.
Carrinho");
  });

  it('should dispatch the "addToCart" action with the
product when the button is clicked', () => {
    store = mockStore({
      user: {
        user: { name: "Carlos E. F Correa", email:
"kadusjc1984@gmail.com" },
      },
    });

    const { getByRole } = render(
      <Provider store={store}>
        <BrowserRouter>
          <AddToCartButton product={mockProduct}
/>
        </BrowserRouter>
      </Provider>
    );

    fireEvent.click(getByRole("button"));

    const expectedPayload = {
      payload: { ...mockProduct },
      type: "ADD_TO_CART",
    };

expect(store.getActions()).toEqual([expectedPayload]);
  });
});
```

Este arquivo pode ser acessado através do link:

https://github.com/kadusjc/react-e-
commerce/blob/main/src/components/AddToCartButton.test.js

A principal parte deste teste é a configuração dos mocks. O primeiro mock é o da store. Além disso devemos envolver os componentes testados dentro de um Provider do redux e do BrowserRouter do react-router-dom. Repare que, para criarmos o mock do store, utilizamos a classe configureMockStore da biblioteca redux-mock-store.

Este arquivo possui dois testes. O primeiro assegura que o componente "AddToCartButton" não deve ser exibido caso o usuário ainda não tenha feito o login. Para isso, usamos o método render da biblioteca @testing-library/react para obtermos o resultado em texto da renderização do componente. Usamos a propriedade container do resultado do render para tal.

Nesta linha:

```
expect(container.textContent).toBe("");
```

criamos uma assunção de que o resultado da renderização deste componente em texto resultará em nada (vazio). Portanto, o botão não é exibido.

Nosso segundo teste é um pouco mais complexo e elaborado, pois garante que o botão será exibido e simula um clique nele. Fazemos isso garantindo que os eventos do redux sejam emitidos. Para isso, utilizamos o fireEvent da biblioteca de testes @testing-library/react para simular o clique do nosso botão.

CartItem.test.js

Crie um arquivo chamado CartItem.test.js e cole o código a seguir:

```
import React from "react";
import { render } from "@testing-library/react";
import configureMockStore from "redux-mock-store";
import { Provider } from "react-redux";
```

```javascript
import CartItem from "./CartItem";

const mockStore = configureMockStore([]);

describe("CartItem", () => {
    let store = mockStore({ cart: { cartItems: [] } });
    const mockProduct = { id: 1, name: "Example Product",
price: 10.99, qty: 2 };

    beforeEach(() => {
        store = mockStore({ cart: { cartItems: [] } });
    });

    it('should render the component correctly with message
"Seu Carrinho está vazio"', () => {
        const { container } = render(
            <Provider store={store}>
                <CartItem />
            </Provider>
        );
        expect(container.textContent).toBe("Seu carrinho
está Vazio.");
    });

    it("should render the Cart Item with one item when
code correctly when cartItems is not empty", () => {
        store = mockStore({ cart: { cartItems:
[mockProduct] } });
        const { container } = render(
            <Provider store={store}>
                <CartItem item={mockProduct} />
            </Provider>
        );
        expect(container.textContent).toBe(
            "Nome Example Product - Preço $10.99 - Qtd 2
Remover "
        );
    });
});
```

Este arquivo pode ser acessado através do link:

https://github.com/kadusjc/react-e-
commerce/blob/main/src/components/CartItem.test.js

Este teste verifica se o componente `CartItem` funciona corretamente. Após todas as configurações para o teste (redux, store), verificaremos os comportamentos deste componente.

No primeiro teste, só carregamos o componente e verificamos que a mensagem de "Seu carrinho está Vazio" deverá ser exibida, pois neste teste, não foi adicionado nenhum item.

No segundo teste, adicionamos um item (`mockProduct`) no carrinho e verificamos que o conteúdo em texto que o componente exibe contém os dados do produto:

```
"Nome Example Product - Preço $10.99 - Qtd 2      Remover"
```

Navbar.test.js

Crie um arquivo chamado `Navbar.test.js` e cole o código a seguir:

```
import React from "react";
import { render } from "@testing-library/react";

import Navbar from "./Navbar";
import { BrowserRouter } from "react-router-dom";

describe("NavBar ", () => {
    const mockUserProfile = {
        id: 1,
        name: "Example Product",
        email: "kadusjc1984@gmail.com",
    };
    const mockQuotation = { USDBRL: { high: 4.91 },
EURBRL: { high: 5.4 } };
```

```
    beforeEach(() => {});

    it('should NOT display "Cart" menu item neither "User
Profile" until user does the login', () => {
        const { container } = render(
            <BrowserRouter>
                <Navbar />
            </BrowserRouter>
        );
        expect(container.textContent).toBe(
            "Loja React Bootstrap Home      Produtos
Login            Livro Guia Definitivo para
desenvolvedores Front-End"
        );
    });

    it('should display "Cart" menu item and "User Profile"
when user is logged', () => {
        const { container } = render(
            <BrowserRouter>
                <Navbar userData={mockUserProfile}
quotation={mockQuotation} />
            </BrowserRouter>
        );
        expect(container.textContent).toBe(
            "Loja React Bootstrap Home      Produtos
Carrinho    Login     Perfil do Usuário     Dólar:     R$
4.91        Euro: R$ 5.4           Livro Guia Definitivo
para desenvolvedores Front-End"
        );
    });
});
```

Este arquivo pode ser acessado através do link:

https://github.com/kadusjc/react-e-commerce/blob/main/src/components/Navbar.test.js

Este teste possui uma peculiaridade. Uma vez que o componente NavBar.js contém os links do nosso e-commerce, devemos declará-lo dentro do componente BrowserRouter para a correta configuração.

No primeiro teste, carregamos o componente sem passar as informações do usuário logado. Como isso, o componente exibirá o seguinte conteúdo de texto:

"Loja React Bootstrap Home Produtos   Login   Livro Guia Definitivo para desenvolvedores Front-End".

No que o conteúdo acima são os textos apresentados na barra de navegação de nosso e-commerce.

Já no segundo teste, passamos como parâmetro um objeto para a barra de navegação, que é um objeto de usuário com perfil. Isso resultará no texto de nossa barra de navegação exibindo mais um link, "Perfil do Usuário", e mais os dados da cotação do dólar e do euro para hoje:

"Loja React Bootstrap Home Produtos   Carrinho   Login Perfil do Usuário Dólar: R$ 4.91   Euro: R$ 5.4   Livro Guia Definitivo para desenvolvedores Front-End"

ProductItem.test.js

Crie um arquivo chamado ProductItem.test.js e cole o código a seguir:

```
import React from "react";
import { render } from "@testing-library/react";

import configureStore from "redux-mock-store";
import { Provider } from "react-redux";
import { BrowserRouter } from "react-router-dom";

import ProductItem from "./ProductItem";
```

```
const mockStore = configureStore([]);

describe("ProductItem", () => {
    const mockProduct = {
        id: 10,
        name: "Camisa GG - Chapolin",
        price: 109.99,
        qty: 2,
    };
    let store = mockStore({ cart: { cartItems: [] }, user:
{ user: {} } });

    beforeEach(() => {
        store = mockStore({ cart: { cartItems: [] }, user:
{ user: {} } });
    });

    it("should render the component displaying product
informations correctly with a detail link using Product Id
", () => {
        const { container } = render(
            <Provider store={store}>
                <BrowserRouter>
                    <ProductItem product={mockProduct} />
                </BrowserRouter>
            </Provider>
        );
        expect(container.textContent).toBe(" Id: 10 Camisa
GG - Chapolin Detalhes");
    });
});
```

Este arquivo pode ser acessado através do link:

https://github.com/kadusjc/react-e-commerce/blob/main/src/components/ProductItem.test.js

Aqui testamos o componente ProductItem. Esperamos que, ao carregar o componente ProductItem passando um produto em específico, sejam exibidos na tela os dados do produto passado.

Existem duas peculiaridades aqui que merecem nossa atenção:

- Precisamos configurar um mock do redux, pois esse componente carrega o componente AddToCartButton que utiliza o redux.
- Precisamos configurar o mock do BrowserRoute, pois este componente utiliza links.

Aqui finalizamos os testes dos componentes. Nas páginas a seguir, criaremos os testes para as classes contidas na pasta "containers".

Volte à pasta src/containers para iniciarmos a criação dos arquivos de teste.

Cart.test.js

Crie um arquivo chamado Cart.test.js, dentro da pasta containers, e cole o código a seguir:

```javascript
import React from "react";
import { render } from "@testing-library/react";
import configureStore from "redux-mock-store";
import { Provider } from "react-redux";

import Cart from "./Cart";

const mockStore = configureStore([]);

describe("Cart", () => {
    let store = mockStore({ cart: { cartItems: [] } });
    const mockProduct = { id: 1, name: "Example Product",
price: 10.99, qty: 2 };

    beforeEach(() => {
        store = mockStore({ cart: { cartItems: [] } });
    });
```

```
    it('should render the Cart component correctly with
message "Seu Carrinho está vazio"', () => {
        const { container } = render(
            <Provider store={store}>
                <Cart />
            </Provider>
        );
        expect(container.textContent).toBe(
            "Carrinho de Compras O carrinho está vazio."
        );
    });

    it("should render the Cart component Item correctly
when cart has 1 or more items", () => {
        store = mockStore({ cart: { cartItems:
[mockProduct] } });
        const { container } = render(
            <Provider store={store}>
                <Cart />
            </Provider>
        );
        expect(container.textContent).toContain(
            "Carrinho de ComprasNome Example Product -
Preço $10.99 - Qtd 2      Remover "
        );
    });
});
```

Este arquivo pode ser acessado através do link:

https://github.com/kadusjc/react-e-commerce/blob/main/src/containers/Cart.test.js

Aqui temos dois testes simples. O primeiro carrega o componente Cart sem itens e garante que a mensagem seja exibida:

"Carrinho de Compras. O carrinho está vazio"

No segundo, repetimos o primeiro teste adicionando um produto ao carrinho. Com isso, esperamos que os dados do produto adicionado apareçam na tela quando o componente for carregado juntamente com o link de remover:

"Carrinho de Compras Nome Example Product - Preço $10.99 - Qtd 2 Remover"

Home.test.js

Crie um arquivo chamado Home.test.js, dentro da pasta containers, e cole o código a seguir:

```js
import React from "react";
import { render } from "@testing-library/react";

import Home from "./Home";

describe("Home", () => {
    it("should render the Home page content correctly",
() => {
        const { container } = render(<Home />);
        expect(container.textContent).toBe(
            "Seja muito bem-vindo ao React Bootstrap
Store. Este é um exemplo bem simples de uma loja e-
commerce construído com React, Redux e React
Bootstrap.Sinta-se à vontade para explorar nossos
produtos e adiconá-los no carrinho. Aprecie sua
experiência de compras.Faça o Login, com qualquer
informação, para começar sua experiência"
        );
    });
});
```

Este arquivo pode ser acessado através do link:

https://github.com/kadusjc/react-e-commerce/blob/main/src/containers/Home.test.js

Este é o container mais simples com um teste de mesmo nível de complexidade. Aqui, simplesmente o carregamos na tela e verificamos se os textos da página Home são carregados corretamente.

Login.test.js

Crie um arquivo chamado Login.test.js, dentro da pasta containers, e cole o código a seguir:

```javascript
import React from "react";
import { render, fireEvent } from "@testing-library/react";
import sinon from "sinon";

import Login from "./Login";

describe("Login", () => {
    it("should render the Login form content correctly", () => {
        const { container } = render(<Login />);

expect(container.textContent).toBe("LoginUsernameE-mailPasswordLogin");
    });

    it("should call onLogin method into Login component when the button is clicked", () => {
        const mockLoginCall = sinon.spy();
        const { getByRole } = render(<Login onLogin={mockLoginCall} />);
        const loginButton = getByRole("button", { name: "Login" });

        fireEvent.click(loginButton);

        expect(mockLoginCall.calledOnce).toBe(true);
```

```
    });
});
```

Este arquivo pode ser acessado através do link:

https://github.com/kadusjc/react-e-commerce/blob/main/src/containers/Login.test.js

Neste teste, novamente utilizaremos sinon para criar um "spy" do chamado do login. No primeiro teste, solicitamos apenas que o container Login seja carregado e fazemos uma assunção que garanta que os seguintes textos sejam exibidos na tela:

"Login Username E-mail Password Login"

No segundo teste, passamos o spy para o componente login para substituir a ação que ocorre quando o botão sofrer um clique. Repare que novamente utilizamos o fireEvent da biblioteca "@testing-library/react". Com isso, simulamos um clique no botão de login e, logo em seguida, fazemos uma assunção no spy do sinon, garantindo que o botão foi clicado uma vez.

NotFound.test.js

Crie um arquivo chamado NotFound.test.js dentro da pasta containers e cole o código a seguir:

```
import React from "react";
import { render } from "@testing-library/react";

import NotFound from "./NotFound";

describe("NotFound", () => {
    it("should render the NotFound page content
correctly", () => {
```

```
        const { container } = render(<NotFound />);
        expect(container.textContent).toBe(
            "404 - Rota não existente. O endereço
requisitado não possui uma página correspondente."
        );
    });
});
```

Este arquivo pode ser acessado através do link:

https://github.com/kadusjc/react-e-
commerce/blob/main/src/containers/NotFound.test.js

Esta página simplesmente exibe o texto:

"404 - Rota não existente. O endereço requisitado não
possui uma página correspondente."

Portanto, seu teste simplesmente efetua o carregamento desta página
e verifica se o conteúdo de texto exibido é o mesmo que foi definido dentro
deste container.

ProductDetails.test.js

Crie um arquivo chamado ProductDetails.test.js dentro da
pasta containers e cole o código a seguir:

```
import React from "react";
import { render } from "@testing-library/react";
import configureStore from "redux-mock-store";
import { Provider } from "react-redux";

import ProductDetails from "./ProductDetails";
import { BrowserRouter } from "react-router-dom";

const mockStore = configureStore([]);
```

```
jest.mock("react-router", () => ({
    ...jest.requireActual("react-router"),
    useParams: () => ({ productId: "13" }),
}));

describe("ProductDetails", () => {
    let store = mockStore({ products: { products: [] } });
    const mockProduct = [
        { id: "13", name: "Example Product", price: 10.99,
qty: 2 },
        { id: "15", name: "Other Product", price: 14.99,
qty: 1 },
    ];

    beforeEach(() => {
        store = mockStore({ products: { products: [] },
user: { user: [] } });
    });

    it('should render the ProductDetails component
correctly with message "Produto nao encontrado"', () => {
        const { container } = render(
            <Provider store={store}>
                <ProductDetails />
            </Provider>
        );
        expect(container.textContent).toBe("Produto nao
encontrado.");
    });

    it("should render the ProductDetails component Item
correctly displaying Product Details of product id = 13",
() => {
        store = mockStore({
            products: { products: mockProduct },
            user: { user: [] },
        });
        const { container } = render(
            <Provider store={store}>
                <BrowserRouter>
```

```
        <ProductDetails />
      </BrowserRouter>
    </Provider>
);
expect(container.textContent).toContain(
    "Detalhes do Produto Id 13Example
ProductDescrição: Preço: $10.99"
    );
});
});
```

Este arquivo pode ser acessado através do link:

https://github.com/kadusjc/react-e-commerce/blob/main/src/containers/ProductDetails.test.js

Este teste é um pouco mais complexo. Para simular o routerParam teremos de utilizar o mock do jest no react-route para passar um parâmetro de rota. Esta é a única complexidade neste teste.

O primeiro teste simplesmente carrega este componente sem nenhum produto, com isso verificamos se a mensagem: "Produto não encontrado" é exibida na tela.

No segundo teste utilizamos o mockProduct. Repare que o id do mock é o mesmo id que utilizamos na regra do mock do parâmetro da rota feito na primeira linha com o jest. Do mesmo modo, solicitamos que a tela carregue o componente e verificamos se o texto apresentado na tela contém as informações do produto:

"Detalhes do Produto Id 13 Example Product Descrição: Preço: $10.99"

ProductList.test.js

Crie um arquivo chamado **ProductList.test.js**, dentro da pasta **containers**, e cole o código a seguir:

```javascript
import React from "react";
import { render } from "@testing-library/react";
import configureStore from "redux-mock-store";
import { Provider } from "react-redux";
import { BrowserRouter } from "react-router-dom";

import ProductList from "./ProductList";

const mockStore = configureStore([]);

describe("ProductList", () => {
    let store = mockStore({ products: { products: [] } });
    const mockProducts = [
        { id: 1, name: "Camisa 1", price: 110.99, qty: 2
},
        { id: 2, name: "Camisa 2", price: 103.99, qty: 1
},
    ];

    beforeEach(() => {
        store = mockStore({ products: { products: [] },
user: { user: [] } });
    });

    it("should render the ProductList empty when there are
no products to display", () => {
        const { container } = render(
            <Provider store={store}>
                <ProductList />
            </Provider>
        );
        expect(container.textContent).toBe("Lista de
Produtos");
    });
```

```
    it("should render the ProductList component correctly
when there is one or more products", () => {
        store = mockStore({
            products: { products: mockProducts },
            user: { user: [] },
        });
        const { container } = render(
            <Provider store={store}>
                <BrowserRouter>
                    <ProductList />
                </BrowserRouter>
            </Provider>
        );
        expect(container.textContent).toBe(
            "Lista de Produtos Id: 1 Camisa 1 Detalhes Id:
2 Camisa 2 Detalhes"
        );
    });
});
```

Este arquivo pode ser acessado através do link:

https://github.com/kadusjc/react-e-commerce/blob/main/src/containers/ProductList.test.js

Para este teste, tivemos de configurar redux, browserRoute e store de users, pois este componente engloba os seguintes componentes em seu carregamento: "ProductItem", "AddCartToButton" e os links.

Após configurarmos todo código necessário, o primeiro teste carrega a página de lista de produtos e verifica se apenas o título da página, "Lista de Produtos", é exibido. Isso se dá dessa maneira porque até esse momento não adicionamos nenhum produto em nossa lista.

No segundo teste, já adicionamos um produto em nossa lista e esperamos que os dados de dois produtos sejam exibidos em nossas páginas:

"Lista de Produtos Id: 1 Camisa 1 Detalhes Id: 2 Camisa 2 Detalhes"

UserProfile.test.js

O nosso último teste consiste em verificar o conteúdo da página User Profile. Crie um arquivo chamado UserProfile.test.js, dentro da pasta containers, e cole o código a seguir:

```js
import React from "react";
import { render } from "@testing-library/react";

import configureStore from "redux-mock-store";
import { Provider } from "react-redux";

import UserProfile from "./UserProfile";

const mockStore = configureStore([]);

describe("UserProfile", () => {
    const mockUser = {
        name: "Carlos Eduardo Ferreiro Corrêa",
        email: "kadusjc1984@gmail.com",
    };
    let store = mockStore({ user: { user: {} } });

    beforeEach(() => {
        store = mockStore({ user: { user: {} } });
    });

    it("should render the component UserProfile without
content case user is not logged yet", () => {
        const { container } = render(
            <Provider store={store}>
                <UserProfile />
            </Provider>
        );
        expect(container.textContent).toBe(
```

```
        "Perfil do Usuário LogadoUsuário ainda não
fez login."
        );
    });

    it("should render the component UserProfile
displaying the user data", () => {
        store = mockStore({ user: { user: mockUser } });
        const { container } = render(
            <Provider store={store}>
                <UserProfile />
            </Provider>
        );
        expect(container.textContent).toBe(
            "Perfil do Usuário Logado Nome Carlos
Eduardo Ferreiro Corrêa E-mail kadusjc1984@gmail.com"
        );
    });
});
```

Este arquivo pode ser acessado através do link:

https://github.com/kadusjc/react-e-commerce/blob/main/src/containers/UserProfile.test.js

Após efetuarmos as configurações necessárias, temos dois testes. O primeiro renderiza a página de perfil do usuário sem o usuário ter feito o login, e verifica se a seguinte mensagem aparecerá:

"Perfil do Usuário Logado Usuário ainda não fez login."

Já no segundo teste, passamos um mock de um usuário para simular o login de um usuário. Com isso, verificamos se o seguinte texto é exibido em nossa página:

"Perfil do Usuário Logado Nome Carlos Eduardo Ferreiro
Corrêa E-mail kadusjc1984@gmail.com"

Repare que os dados do usuário apresentado são os mesmos configurados em nosso mock.

Isso é tudo que temos. Aqui finalizamos todo o conteúdo do projeto e de nosso livro. Espero que ele tenha sido bem útil em seu aprendizado sobre o React.js.

* * *

Agradeço demais a você por ter comprado este livro. Espero que tenha sido muito útil em seu aprendizado ou em sua vida profissional.

Obrigado mesmo!

CARLOS EDUARDO FERREIRO CORRêA

Agradecimentos

Obrigado, amigo, você é um amigo! – Jubileu

Se até o Jubileu se lembrou de agradecer ao Pica-Pau, quem sou eu para não render gratidão aos amigos, não é mesmo?

Agradeço a Deus pela inspiração, à minha família e aos leitores por escolherem este guia. Espero que ele seja útil em sua jornada de aprendizado em programação Front-End com React JS.

Ressalto aqui meu agradecimento aos desenvolvedores da comunidade React JS por compartilharem seus conhecimentos e contribuírem para a evolução da tecnologia.

Sobre o autor

Eu e minha maravilhosa esposa.
Pois é, os nerds também podem ser felizes no amor!

Sou Carlos Eduardo Ferreiro Corrêa, casado, pai de quatro filhos, Engenheiro da Computação e programador desde 2004.

Sempre gostei de videogame e de computador – na verdade, de tecnologias em geral. Como sou um ancião de 1984, vi toda tecnologia que existe hoje em seus primórdios, evoluindo um passo de cada vez. Do vinil e cassete até CD, Internet, videocassete, DVD, Blu-Ray etc.

Minha história com tecnologia começa em 1989 com os jogos de Atari. E mais tarde, em 1991, com o magnífico Mega Drive. Lembro-me do dono da locadora (se você é jovem, pesquise sobre o que é uma locadora) cumprimentando meu pai assim:

– Parabéns, o senhor adquiriu o melhor e mais moderno videogame de todos os tempos!

Minha meta de vida era aprender a falar inglês e a programar para criar jogos tão fabulosos quanto *Golden Axe* e *Streets of Rage,* que eu tanto amava (na verdade, ainda amo e jogo). Eu também curtia os jogos para PC: *Wolfenstein 3D, Doom, Duke Nukem, Alone in the Dark* etc. Tive que fazer um curso de informática para aprender MS-DOS e Windows 95; só assim me tornei capaz de usar o PC 486 que meu pai comprou num consórcio em 1996 sem estragar nada e fazê-lo enfartar.

Iniciei minha carreira de programador com Java, JSP e toda aquela forma antiga de programar. Como todo bom profissional, tive que me atualizar constantemente em todas as novas tecnologias e metodologias de programação, mas sempre amei Javascript. Sou da época do Javascript raiz com `document.getElementById`. Eram tempos remotos, quando nem o jQuery ainda existia.

Em 2013 tive meu primeiro contato com *Nodejs* e frameworks de Front-End. Comecei trabalhando com *AngularJs* e *BackboneJs*.

Em 2017, iniciei meu envolvimento com *ReactNative* e depois com *React JS*.

Contato: kadusjc1984@gmail.com

LinkedIn: linkedin.com/in/eng-carlos-eduardo-ferreiro-corrêa-9606963a/